Z 33021

Dijon
1800-1803
Bacon, François
Œuvres

Tome 15

Z. 2410
E. -15.

ŒUVRES

DE

FRANÇOIS BACON,

CHANCELIER D'ANGLETERRE.

TOME QUINZIÈME.

A PARIS,

CHEZ ANT. AUG. RENOUARD, LIBRAIRE,
RUE ANDRÉ-DES-ARCS, N°. 42.

OEUVRES

DE

FRANÇOIS BACON,

CHANCELIER D'ANGLETERRE,

TRADUITES PAR ANT. LASALLE;

Avec des notes critiques, historiques et littéraires.

TOME QUINZIÈME.

A DIJON,

DE L'IMPRIMERIE DE L. N. FRANTIN.

AN XI DE LA RÉPUBLIQUE FRANÇAISE.

PRÉFACE
DE L'AUTEUR.

Les événemens de l'antiquité la plus reculée, à l'exception toutefois de ceux qui se trouvent consignés dans les livres saints, ont été ensevelis dans l'oubli le plus profond : à ce silence que l'histoire garde sur les temps primitifs, ont succédé les fables des poëtes ; et à ces fictions, les histoires qui sont entre nos mains : en sorte que ces *fables* sont comme un *voile* tendu entre cette antiquité si reculée, dont la mémoire est entièrement effacée, et ces temps ultérieurs dont l'histoire s'est conservée. La plupart de mes lecteurs sans doute s'imagineront que ce traité n'est qu'un pur jeu d'esprit, et n'a pour objet que le simple amusement ; qu'en *expliquant* ces *fables*, je prends les mêmes *licences* que les poëtes ont prises, en les *inven-*

tant; conjecture d'autant plus naturelle que, si tels eussent été mon but et mon plan, je n'aurois fait, après tout, qu'user de mes droits, en mêlant quelquefois, par forme de distraction et de délassement, à des recherches plus difficiles, ces explications qui sont le fruit de mes méditations et de mes lectures. Je n'ignore pas non plus combien une telle matière est souple et ductile, ni combien il est facile, avec un peu d'adresse et de sagacité, de controuver des analogies imaginaires, et d'attribuer, avec assez de vraisemblance, aux inventeurs de ces fictions, des idées qu'ils n'ont jamais eues. Enfin, je sais que les interprétations de ce genre doivent être d'autant plus suspectes, qu'on a, dans tous les temps, abusé des facilités qu'on trouvoit à cet égard : car un assez grand nombre d'écrivains ont détourné le sens de ces fables des poëtes, pour les appliquer à leurs propres inventions, ou du moins à leurs propres opinions, auxquelles ils vouloient attacher cette vénération qu'inspirent naturellement les choses antiques ; genre de prestige qui n'est particulier à aucun siècle, et dont les anciens n'ont pas moins usé que les modernes. C'est ainsi, par exemple, que *Chrysippe*, abandonnant le rôle de philosophe pour jouer celui d'un interprète de songes, attribuoit aux plus anciens poëtes les opinions des stoïciens ; et que les chymistes, abusés par une prévention encore plus ridicule, ont voulu appliquer ces jeux de l'imagination des poëtes, aux transformations des corps, et à ces expériences qu'ils faisoient à l'aide de leurs fourneaux. Nous connoissons, dis-je, tous ces abus, et nous pressentons toutes les objections auxquelles ils peuvent donner lieu ; voyant assez combien d'esprits frivoles ou audacieux se sont donné carrière par rapport à ces allégories. Mais, après avoir mûrement considéré et suffisamment pesé tous ces inconvéniens, nous n'y voyons point du tout une raison pour changer de sentiment sur ce point, ni pour abandonner notre des-

sein; car, en premier lieu, la licence
ou l'ineptie d'un petit nombre d'écrivains ne doit pas décréditer toutes les
paraboles sans exception, ni rien ôter
à l'honneur qui leur est dû en général;
les proscrire et les rejeter toutes indistinctement, seroit même une décision
téméraire et une sorte *d'impiété;* car,
la religion même aimant à couvrir du
voile mystérieux de l'allégorie les augustes vérités qu'elle nous enseigne, vouloir déchirer ce voile, seroit vouloir mettre une sorte de prohibition et d'interdit
sur le commerce que ces emblêmes établissent ou entretiennent entre les choses
divines et les choses humaines : mais tenons-nous-en pour le moment à ce qui
concerne la sagesse purement humaine.
J'avoue ingénument que je suis très disposé à croire que la plupart de ces fables
des anciens poëtes renfermoient dès l'origine un sens mystérieux et allégorique,
soit que je me laisse subjuguer par cette
vénération qu'inspire naturellement l'antiquité, soit parce qu'en approfondis-

sant ces fictions, je découvre quelquefois, entre *le sens* qu'elles présentent naturellement et *la texture* même de la *fable*, ou les *noms* des *êtres mis en action* dans la fiction, une *analogie* si exacte, si sensible et si frappante, qu'on ne peut disconvenir que les inventeurs n'aient eu en vue ce sens même, et ne l'aient, à dessein, couvert du voile de l'*allégorie;* car il n'est point de mortel, quelque aveugle et dépourvu d'intelligence qu'on veuille le supposer, qui ne conçoive, à la première vue, que cette fable où il est dit qu'après la défaite et la mort des *géans*, la *terre* enfanta la *renommée*, qui fut ainsi, en quelque manière, leur sœur *posthume*, se rapporte à ces murmures et à ces bruits séditieux qui, après qu'une révolte a été assoupie, et presque entièrement étouffée, se répandent et voltigent encore pendant quelque temps; ou qui, en lisant dans les poëtes, que le géant Typhon ayant coupé les nerfs à *Jupiter*, les emporta, et qu'ensuite *Mercure* les ayant dérobés, les rendit à ce dieu ; ne reconnoisse aussi-tôt que cette fable figure allégoriquement ces violentes insurrections qui coupent aux rois les deux principaux nerfs ; savoir, ceux de l'*argent* et de l'*autorité* ; de manière toutefois qu'à l'aide de discours gracieux et populaires, ou de sages édits, ils recouvrent, pour ainsi dire, furtivement et en très peu de temps, l'affection de leurs sujets et la force qui en dérive ; ou qui enfin, en lisant dans les auteurs fabuleux que, dans cette expédition si mémorable des *géans*, *l'âne de Silène*, qui ne cessa de braire durant le combat, contribua beaucoup à la défaite de ces enfans de la terre, ne voie, au premier coup d'œil, que cette fiction désigne ces immenses coalitions de rebelles, qu'on voit le plus souvent dissipées par des nouvelles hazardées et de vains bruits qui répandent la terreur parmi eux (1). De même, qui

---

(1) Ou par la voix d'un grand braillard, dont les éclats sont pour la multitude autant de démons-

ne voit aisément, dans plusieurs de ces fictions, l'*analogie* de certains *noms* avec les *personnes* ou les *choses* qu'ils *désignent*? Par exemple, le nom de *Metis*, l'une des épouses de *Jupiter*, signifie proprement le *conseil*, la *prudence* (1); celui de *Typhon*, les *gonflemens*, les *soulèvemens*, ou les *insurrections*; celui de *Pan*, l'*univers entier*, le *grand tout*; celui de *Némésis*, la *vengeance*, etc. On ne doit pas non plus être étonné de voir les poëtes *mêler* quelquefois *à leurs fictions quelques faits historiques*, ou y faire d'autres *additions*, pour rendre la narration plus agréable; ou *confondre* les

---

trations géométriques; car il n'est point, dans les Gaules, de prédicateur dominicain qui ne sache que le souverain à main *calleuse* aime excessivement le *brailler*, et n'aime point du tout le *raisonner*.

(1) Il paroît que, dans la fiction des douze grands dieux, *Jupiter* représente *les rois*; et les *onze autres dieux*, les *facultés*, les *ministres* et les *instrumens* dont ils ont besoin, et dont ils font ou doivent faire usage.

temps, ou enfin transporter une partie de telle fable dans telle autre, pour former du tout une nouvelle allégorie; ces variations n'ébranlent point notre sentiment, et sont d'autant moins étonnantes, que les inventeurs de ces fables n'ont ni vécu dans les mêmes temps, ni visé aux mêmes buts; quelques-unes de ces fictions étant fort anciennes, et les autres beaucoup plus modernes; les unes servant de voile à des principes ou à des systêmes de physique, et les autres à des maximes de morale ou de politique. Ajoutez que, dans quelques-unes de ces fables, la narration est quelquefois si ridicule et si absurde, que cette *absurdité* même démontre leur *destination* et leur sens allégorique; car, lorsque la narration d'une fable n'a rien d'invraisemblable ni de choquant, on peut présumer qu'on ne l'a inventée que pour le simple amusement, et que, dans cette vue, on a tâché de donner au récit la vraisemblance historique : mais, lorsqu'on y voit des choses que personne ne se seroit jamais avisé de raconter, ni même d'imaginer, on peut en inférer qu'elles avoient une autre destination. De ce dernier genre est la suivante. *Jupiter,* disent les poëtes, épousa *Metis ;* sitôt qu'il la vit enceinte, il la dévora ; il eut ensuite lui-même une sorte de grossesse; et, au terme ordinaire de l'accouchement, *Pallas* sortit de son cerveau toute armée. Il est clair qu'un conte si monstrueux, si extravagant et si éloigné de toutes les voies de la pensée humaine, ne se seroit pas présenté de lui-même à l'esprit d'un mortel, pas même en songe. Une des considérations qui ont le plus contribué à confirmer notre sentiment sur ce point, c'est que la plupart des fables dont nous parlons, n'étoient pas de l'invention des poëtes qui les ont publiées, ou rendues célèbres, tels que *Homère, Hésiode,* etc. Car, s'il étoit bien prouvé que ces fictions appartenoient réellement aux poëtes dont nous les tenons, une telle origine (autant que nous pouvons le présumer) ne nous annonceroit ni de grandes vues, ni un but fort élevé. Mais, pour peu qu'on les lise avec quelque attention, on reconnoîtra aisément que ces poëtes les rapportent comme ayant été adoptées et reçues dans des temps plus anciens, non comme nouvelles et comme étant de leur invention (1). De plus, des auteurs contemporains les uns des autres les rapportant de différentes manières, on doit en inférer que ce qu'elles ont de *commun* vient des *temps plus anciens;* et que leurs différences et leurs *variations* viennent des *additions* que les différens auteurs auront jugé à propos d'y faire pour les embellir et les rendre plus agréables; ce seroit même cette dernière considération qui leur donneroit plus de prix à nos yeux, et qui nous détermineroit à les regarder, non comme des productions de ces poëtes mêmes qui nous les ont

---

(1) Par exemple, *Homère* a eu soin de nous dire qu'il les tenoit de sa *muse;* cependant il ne nous dit pas de qui sa muse les tenoit : mais cette muse, c'étoit probablement son *aïeule.*

transmises, ni de leurs contemporains, mais comme d'augustes débris d'un siècle plus éclairé, et comme une sorte de souffle léger qui, des traditions de quelques nations beaucoup plus anciennes, est venu, pour ainsi dire, tomber dans les trompettes et les flûtes des Grecs. Cependant, si quelqu'un s'obstinoit encore à soutenir que le sens allégorique de ces fables y a été mis après coup, et non dès l'origine (1), nous lui laisserons volontiers son opinion sur ce point, et nous l'abandonnerons à cette sévérité de juge-

---

(1) On a toujours bercé de contes insignifians l'enfance des individus et des nations. Ainsi l'antiquité de ces contes ne prouve point du tout qu'ils signifient quelque chose. La nourrice berce l'enfant, et les ambitieux bercent le peuple; puis, quand l'enfant à une ou à cent mille têtes a un peu grandi, le berceur ou la berceuse lui fait un petit conte pour l'empêcher de crier : et l'enfant dort; doux sommeil où il boit à longs traits l'oubli de son incurable misère; enfin, quand le conte est fini, l'enfant s'éveille, et il croit, ou, ce qui est la même chose, il croit croire ce qu'il n'a pas même écouté.

ment qu'il affecte dans cette question ; mais, pour peu qu'il provoque et mérite une replique, nous lui livrerons un nouvel assaut, en lui opposant une considération encore plus importante et plus frappante : les paraboles, lui dirons-nous, ont été, dans tous les temps, employées à deux usages de nature très différente, et ont même eu souvent deux destinations opposées ; car ces allégories dont on revêt certaines vérités, peuvent servir et servent en effet, tantôt à les *voiler*, tantôt à les *éclaircir* (1). Mais,

---

(1) Les fables peuvent avoir une infinité d'usages; mais, pour abréger, nous n'en montrerons que treize.

1°. Elles offrent des narrations amusantes aux enfans, aux femmes, et aux hommes qui leur ressemblent.

2°. On aime à voir les *actions* et les *passions humaines* dans des *êtres* d'une *autre espèce* et d'une *nature supérieure* ou *inférieure*, c'est-à-dire, à découvrir des *analogies* entre des *êtres* qu'on croyoit totalement *différens*.

3°. Ce sont des espèces d'*énigmes faciles* à débrouiller, et dont on a le *plaisir* de *deviner le*

laissant pour le moment la première de ces deux destinations, afin d'éviter toute discussion sur ce sujet, et en accordant même que les fables les plus anciennes n'étoient que des fictions vagues et sans objet, n'ayant pour but que le simple amusement, toujours est-il certain que les fictions inventées dans les temps ultérieurs ont eu la seconde de ces deux destinations ; et il n'est point d'homme un peu éclairé qui ne les regarde comme une invention fort judicieuse, très solide, très utile aux sciences ; et même d'une

───────────────────────────

mot ; et alors caressant son propre esprit, on est presque aussi content de l'auteur de la charade, ou du logogryphe, qu'on l'est de soi.

4°. En *comparant les différentes parties de la fable aux parties respectives de sa moralité* (ou en général, de la vérité composée qu'elle représente, soit en la voilant un peu, soit au contraire en la rendant plus sensible), on *analyse celle-ci* ; ce qui en donne une *idée* plus *vive*, plus *claire*, plus *distincte* et plus *complète*.

5°. Cette *vérité*, ainsi *appliquée* et en quelque manière *réalisée* et *personifiée* dans les acteurs de la fable, *ébranle* plus fortement *l'imagination*, nécessité absolue pour remplir ce second objet dont nous venons de parler, je veux

que si elle étoit présentée sous la forme d'une *maxime* (qui n'est qu'une espèce d'*algèbre*), et devient ainsi *plus active*.

6°. Cette *vérité*, ainsi *analysée* et *personifiée*, *se grave* plus aisément et plus profondément dans la *mémoire*, qui alors a *plusieurs prises*, au lieu d'une seule.

7°. Cette même *vérité* se présente alors *sous deux faces* différentes, et elle procure ainsi le *plaisir* de la *variété*.

8°. L'esprit, en envisageant *une même vérité*, tantôt dans une *maxime*, tantôt dans une *fiction*, la *saisit mieux* que s'il ne la voyoit que de *l'une de ces deux manières*, chacune de ces deux formes l'empêchant de se rassasier de l'autre; ce qui lui procure non-seulement le *plaisir*, mais de plus *l'utilité de la variété*, c'est-à-dire un *plaisir actuel* et *l'annonce*, ou la *semence d'un autre*; car le *plaisir* est une *utilité actuelle*, et *l'utilité* n'est qu'un *plaisir prévu*.

9°. Les fables fournissent aux écrivains, et en général à toute personne qui veut discourir agréablement, une infinité d'*allusions* qui embellissent la diction, animent le discours, et réveillent,

dire, pour mettre à la portée des moindres esprits les vérités récemment décou-

---

dans l'esprit de l'auditeur ou du lecteur, une infinité d'idées et de tendres souvenirs qui tiennent à ce temps d'innocence où il a appris ces fables.

10°. Une fable *dispense de montrer clairement et directement aux hommes une vérité morale, politique ou religieuse,* qui peut les *offenser;* en un mot, elle sert à les instruire sans les humilier; à leur faire aimer la vérité, en leur faisant aimer celui qui la dit.

11°. La fable une fois composée, en supposant même que sa *moralité* soit *frappante*, ne laisse pas de fournir aux *poëtes*, aux *orateurs* et à tous les *écrivains*, un moyen pour *présenter une vérité utile, sans parler en leur propre nom :* car, non-seulement la leçon ne doit pas être trop *claire* ni trop *directe,* mais il ne faut pas non plus qu'elle soit trop *magistrale :* les animaux du bon *La Fontaine* sont des instituteurs pour toutes les classes ; et puisque les hommes ne veulent pas accepter la vérité de la main *d'un homme d'esprit,* il faut bien la leur faire dire par une *bête.*

12°. Une *fiction* peut servir *à faire accroire au peuple une vérité qu'on ne sait pas lui apprendre,* ou à lui *enseigner en masse* une *vérité* un

vertes, mais trop éloignées des opinions vulgaires, et les pensées trop abstraites : aussi, dans ces premiers siècles, temps où les inventions et les déductions de la raison humaine, même celles qui aujourd'hui sont triviales et rebattues, étoient encore nouvelles et paroissoient étranges, tous les écrits et les discours étoient remplis de *fables*, d'*apologues*, de *paraboles*, d'*énigmes*, d'*emblêmes*, d'*allégories* et de *similitudes* de toute espèce. A cette époque, ce langage figuré n'etoit pas encore un moyen destiné à

---

peu *composée* dont il ne pourroit *saisir* qu'*une partie*, par la voie sèche et pénible du *raisonnement*.

13°. Une *fable*, une *fiction* quelconque peut servir à *enseigner* une *erreur* qu'on qualifie d'*utile*, parce qu'elle l'est, sinon à ceux qui l'*apprennent*, du moins à ceux qui l'*enseignent* : par exemple, elle peut servir à *construire* ou à *fabriquer* une *religion* : car, s'il est vrai qu'il n'y ait qu'*une seule vraie religion*, il est clair que *toutes les autres* ne sont que des *fables*, et que, si ces *fables* ne sont pas des *allégories*, ce sont donc des *mensonges*.

envelopper des *vérités* qui, bien qu'*utiles*, ont besoin d'être un peu *voilées*, mais une simple *méthode d'enseignement*; car alors les esprits, encore foibles et grossiers, repoussant toute pensée trop subtile ou trop abstraite, ne pouvoient encore saisir que les vérités sensibles; comme l'invention des *hiéroglyphes* est plus ancienne que celle des *lettres* de l'alphabet, l'invention de ces *paraboles* a aussi précédé celle des *argumens*; et, même de nos jours, tout homme qui veut éclairer les esprits, en ménageant leur foiblesse, est encore obligé de suivre la même méthode, et de recourir fréquemment aux *similitudes* (1).

---

(1) La *raison* même, éclairée par *l'expérience*, nous dit qu'il faut *raisonner peu* avec les individus ou les peuples encore *enfans*, et leur donner *beaucoup d'images*; parce que, dans les uns et les autres, c'est *l'imagination* qui *domine*. Les raisonnemens, sur-tout ceux qui sont *très généraux* et *très composés*, sont une espèce *d'algèbre* qui n'est utile et qui ne plaît qu'à ceux qui sont fort exercés à *ce calcul*, et qui en font *métier*, y

Ainsi, terminant ce préambule par une vérité importante, la sagesse des premiers siècles, dirons-nous, fut, ou *très grande*, ou *très heureuse : très grande*, si les premiers sages inventèrent à dessein ces figures et ces allégories ; *très*

---

ayant attaché leur *réputation* ou, leur *subsistance*; mais auquel les autres hommes n'entendent rien et qu'ils ne daignent pas même écouter : ensorte que l'art de *raisonner* n'est le plus souvent que l'art *d'ennuyer. Socrate* est celui de tous les philosophes qui a le mieux compris que, pour instruire les ignorans, il ne faut pas être trop savant avec eux. *Ce que nous ignorons a presque toujours quelque ANALOGIE avec ce que nous savons ; il est donc presque toujours possible de nous conduire, par de simples COMPARAISONS, de ce que nous savons à ce que nous ignorons.* C'est là le véritable *but* des *fables*, des *apologues*, des *paraboles*, des *emblèmes*, des *allégories*, des *métaphores*, des *translations* et des *similitudes* de toute espèce; toutes formes de discours qui ont pour base l'analogie; car *l'analogie* est le fil que la nature a mis dans les mains de l'homme, pour l'aider à marcher du connu à l'inconnu, et lui épargner une partie des frais de l'expérience.

heureuse, si, en visant à un autre but, ils eurent du moins le mérite de fournir une *matière*, une *occasion* et un *moyen*, pour donner tant d'élévation et de dignité aux contemplations humaines. Quoi qu'il en soit, nous espérons que nos méditations sur ce sujet ne seront pas tout-à-fait inutiles, et que nous remplirons du moins l'un ou l'autre des deux objets indiqués; car, à l'aide de ces interprétations des antiques paraboles, nous répandrons quelque jour sur les obscurs écrits de quelques anciens, ou sur les choses mêmes. Cependant, s'il nous est permis d'exposer notre sentiment sur ce point avec une liberté philosophique, et sans témoigner de mépris pour ceux qui nous ont précédés dans cette carrière, nous ne craindrons pas de dire que les productions en ce genre, publiées jusqu'ici, se réduisent presqu'à rien ; et, quoiquedesécrivains très laborieux aient traité fort amplement cette matière, le genre même est tombé dans une sorte d'avilissement, parce que ces premières tentatives pour expliquer les fables les plus anciennes ont été faites par des hommes peu éclairés, dont la science s'élevoit à peine au-dessus des lieux communs, et qui, n'ayant appliqué ces allégories qu'à des opinions vulgaires, ont manqué le vrai but, et n'ont fait qu'effleurer cet important sujet. Pour nous, abandonnant aux écrivains dont nous venons de parler, les faciles découvertes qu'ils ont pu faire en ce genre, nous tâcherons de pénétrer plus avant dans ces profondeurs de l'antiquité, et de saisir ces vérités plus fécondes que les premiers sages couvrirent du voile mystérieux de la fable et de l'allégorie.

DE LA SAGESSE
DES ANCIENS.

I. *Cassandre, ou de l'excessive liberté dans les discours.*

CASSANDRE, selon les poëtes, fut aimée d'*Apollon*, et, tout en éludant les desirs de ce dieu, elle ne laissa pas d'entretenir ses espérances, jusqu'à ce qu'elle eût extorqué de lui le don de la *divination* (la faculté de prédire l'avenir). Mais, sitôt qu'elle fut en possession de ce qu'elle avoit voulu obtenir par cette longue dissimulation, elle rejeta toutes ses prières, et le rebuta ouvertement. Le dieu ne pouvant révoquer le don qu'il lui avoit fait; mais, indigné d'avoir été joué par cette femme artificieuse, et brûlant du desir de se venger, y joignit une condition qui en fit pour elle un vrai châtiment; car, en lui laissant la faculté de prédire avec justesse, il lui ôta celle de persuader; en sorte que, depuis cette époque, malgré la vérité de ses prédictions, personne n'y ajoutoit foi : disgrace qu'elle éprouva dans une infinité d'occasions, et sur-tout relativement à la ruine de sa patrie qu'elle avoit su prédire, sans que personne eût daigné l'écouter ou la croire.

Cette fable paroît avoir été imaginée pour montrer l'inutilité des conseils les plus sages, donnés avec une généreuse liberté, mais *mal-à-propos* et sans les *ménagemens* nécessaires : elle semble désigner ces individus d'un caractère âpre, difficile et opiniâtre, qui ne veulent point se soumettre à *Apollon*, ou au dieu de *l'harmonie*, ne prenant ni le ton, ni le mode, ni la mesure des personnes et des choses (qui, dans leurs discours, ne savent régler ni leur ton, ni leur style, sur la disposition des auditeurs), en un mot, qui ne savent point chanter sur un ton pour les oreilles savantes, et sur un autre ton pour les oreilles novices; qui, enfin, semblent ignorer qu'il est un temps pour parler, et un temps pour se taire : car, quoique les gens de ce caractère aient toutes les connoissances et toute l'énergie requises pour donner un conseil salutaire et courageux; cependant, malgré tous leurs talens et tout leur zèle, comme ils manquent de la dextérité nécessaire pour manier les esprits, rarement ils réussissent à persuader ce qu'ils conseillent, et ils ont peu d'aptitude pour les affaires (1); ils sont même nuisibles à

---

(1) La plus utile de toutes les sciences, c'est celle des *convenances*. Le véritable *sot* est celui qui les *ignore*, soit parce qu'il ne les cherche pas, soit parce qu'il ne sait pas les découvrir. L'homme vraiment savant c'est celui qui sait le mieux *ce qui convient* à l'homme en général, et à tel homme, dans tel temps, dans tel lieu, dans telle situation; et la première partie des mathématiques (comme nous le disions ailleurs, et comme il n'est pas inutile de le redire), c'est l'art de mesurer ses discours et ses actions sur le tour d'esprit et le caractère de ceux avec qui l'on est

ceux avec qui ils se lient, et dont ils se font écouter; ils hâtent la ruine de 'eurs amis, et alors enfin, je veux dire lorsque le mal auquel ils ont eux-mêmes contribué par la roideur et l'âpreté de leur caractère, est consommé et sans remède, ils passent pour des oracles, pour de grands prophètes, pour des hommes qui ont la vue longue. C'est ce dont on vit un exemple frappant en la personne de *Caton d'Utique.* Ce Romain prévit

---

obligé de vivre; afin de se bien ajuster à eux et de les bien ajuster à soi. Pour faire sa partie dans un concert, ce n'est pas assez de savoir jouer des sonates, il faut savoir prendre le *la*, accorder son instrument et suivre la mesure. Rarement un homme d'un esprit supérieur a le talent de persuader, parce qu'il veut toujours rendre les autres semblables à lui, au lieu de se rendre lui-même semblable à eux, et qu'au lieu de s'occuper d'eux, il veut les occuper de lui. Il s'imagine trop aisément que les raisons qui le persuadent lui-même, sont aussi les meilleures pour persuader les autres; et toutes les vérités qu'il possède, demeurent stériles dans son cerveau, parce qu'il ignore celle-ci qui vaut mieux que tout ce qu'il sait : *Il*

que la ruine de sa patrie seroit l'effet de deux causes; savoir, d'abord la conspiration de *César* et de *Pompée,* puis leur mésintelligence. Son génie élevé vit cette catastrophe long-temps avant l'événement, et sa prédiction fut une espèce d'oracle. Mais ce malheur qu'il sut prévoir de si loin, il ne sut pas le prévenir; il fut même assez imprudent pour y contribuer, et son âpreté hâta la ruine de sa patrie (1) : observation judicieuse

---

faut semer de l'avoine dans une mauvaise terre et des sottises dans l'oreille d'un sot, en réservant les choses spirituelles pour les gens d'esprit, et employer, avec chaque individu, non les meilleures raisons possibles, mais les moins mauvaises d'entre celles dont il veut bien se payer : car tout est relatif.

(1.) Caton d'Utique, rival secret de Jules-César, dont les talens supérieurs et la noble aisance l'offusquoient, fournit, par les mesures violentes qu'il suggéra, et par d'imprudentes menaces, de très spécieux prétextes à l'élégant scélérat qui vouloit renverser la république. Il eut l'imprudence de dire que, si César (qui étoit encore dans les *Gaules*) licencioit son armée, il l'appelleroit en juge-

qu'a faite *Cicéron* lui-même, avec cette élégance qui lui étoit propre. *Caton*, disoit-il, est un personnage d'un grand sens, cependant il ne laisse pas de nuire quelquefois à la république; il nous parle comme si nous vivions dans la république de *Platon*, et non dans cette lie (ce marc) de *Romulus*.

II. *Typhon*, ou *les révoltes*.

Junon, indignée de ce que *Jupiter* avoit engendré, de lui-même et sans le

---

ment : n'étoit-ce pas exhorter *César* à garder cette armée? et cette vérité si frappante qui accuse *Caton d'Utique*, c'est *César* lui-même qui nous l'a apprise. Cet homme transcendant, qui eut tout à la fois une ame tendre et une ambition insatiable, voyant les corps de plusieurs milliers de ses concitoyens étendus *dans les vastes champs de Pharsale,* déplora lui-même les maux qu'il venoit de faire, semblable à l'enfant qui pleure après avoir battu : *Ils l'ont voulu*, dit-il, *moi, Caius-César, après avoir fait de si grandes choses, j'aurois été condamné comme le plus vil des mortels, si je n'avois appellé à mon secours mon armée.* Le vice radical de *Caton d'Utique* fut la mau-

concours de son épouse, *Pallas* qui étoit sortie toute armée de son cerveau, fatigua long-temps, par ses prières, tous les dieux et toutes les déesses, afin qu'ils la missent aussi en état d'enfanter sans la coopération de *Jupiter*. Les dieux, vaincus par ses importunités, ayant consenti à sa demande, elle ébranla la *terre* jusques dans ses fondemens; secousse qui donna naissance à *Typhon*, monstre d'une stature immense et de l'aspect le plus terrible : un serpent fut chargé de

---

vaise humeur, fille de l'orgueil mécontent : ce fut cet orgueil qui, en l'aveuglant, lui déroba la vue de cette vérité : *En aigrissant ton ennemi, tandis qu'il a la force en main, tu ne fais que bander l'arc qui va tirer sur toi; et en le ménageant, tu l'avertis de se fortifier.* Il falloit amadouer *César*, pour l'engager à revenir sans son armée, et alors le juger : cet expédient n'eût pas été fort *noble*, suivant les règles du *théâtre*; mais un homme *artificieux*, qui *sauve sa patrie*, me paroît à moi, un *fripon bien respectable*; et cet *honnête homme*, qui la *ruine* par son *orgueilleuse probité*, ne me paroît qu'un vénérable fou; car c'est la fin qui sanctifie ce moyen.

le nourrir. Lorsqu'il fut grand, il déclara aussi-tôt la guerre à *Jupiter*. Dans ce combat, le dieu fut vaincu, et tomba au pouvoir du géant, qui, l'ayant mis sur ses épaules, le porta dans une région obscure et fort éloignée ; puis il lui coupa tous les nerfs des pieds et des mains, et, après l'avoir ainsi mutilé, il le laissa dans ce triste état : mais ensuite *Mercure* eut l'adresse de dérober au géant les nerfs de *Jupiter*, et les rendit à ce dieu. *Jupiter*, ayant ainsi recouvré toutes ses forces, attaqua de nouveau le monstre ; il le blessa d'abord d'un coup de foudre, et du sang qui coula de la blessure qu'il lui fit, naquirent quantité de serpens ; alors enfin, il lança contre lui le mont *Etna*, et, l'écrasant de cette masse énorme, il le tint immobile, état où il est encore.

Cette fable paroît avoir été imaginée pour montrer les vicissitudes de la destinée des princes, ainsi que les causes et le remède de ces révoltes qui s'élèvent quelquefois dans les monarchies. Car, c'est avec raison qu'on pense que les rois sont (ou doivent être) unis à leurs peuples *comme Jupiter à Junon*, et par une sorte de *lien conjugal*; mais, trop souvent corrompus par la longue habitude du commandement, ils le font dégénérer en tyrannie; ils attirent à eux toute l'autorité; ils foulent aux pieds les privilèges et les droits de tous les ordres de l'*état*; ils dédaignent les avis de leur sénat (du conseil d'état, et en Angleterre ceux du *parlement*), c'est-à-dire, qu'ils exercent un pouvoir arbitraire, voulant que leurs ordres les moins réfléchis soient exécutés sur-le-champ (1), et que leur

---

(1) Ils veulent que leurs ordres soient donnés militairement et exécutés prévôtalement : au lieu de s'assurer sur la confiance publique, la base la plus large et la plus solide de toute autorité, ils s'asseient sur une baïonnette qui tôt ou tard leur perce.... L'état respectif du peuple et du prince est un état de guerre; ils se résistent réciproquement, et le prince est continuellement obligé de réagir contre la multitude immense qui agit sans cesse par la violence ou la ruse contre ses loix et son autorité. S'il a un caractère foible, cette ré-

caprice ait force de loi : puis, les peuples, indignés d'une telle conduite et las de l'oppression, tâchent d'enfanter aussi sans la coopération du prince, se créant d'eux-mêmes quelque chef, et lui déférant le commandement : cette insurrection a ordinairement pour cause les instigations et les sollicitations des grands, qui, une fois coalisés, tentent de soulever le peuple ; soulèvement d'où résulte, dans l'état, une sorte de *gonflement* figuré dans cette fable par l'enfance de *Typhon*. Cette agitation croît et est, en quelque manière, nourrie par la mali-

---

sistance le fatigue ; et c'est pour s'épargner cette fatigue, qu'il s'efforce sans cesse d'augmenter son autorité : c'est une sorte de paresse. De plus, le prince s'accoutumant peu à peu à la mesure d'autorité dont il est revêtu, et cessant de la sentir, cesse, par cela seul, d'en jouir ; et c'est encore pour renouveller en lui le sentiment de sa puissance, qu'il veut l'augmenter. Telles sont les deux principales causes du despotisme, et les deux importantes vérités que nous avons autrefois apprises, par notre propre expérience, en régnant de

gnité innée et le mécontentement du peuple; disposition qui est le serpent le plus dangereux pour les rois : puis, lorsque les rebelles ont rassemblé toutes leurs forces et pris toutes leurs mesures, la révolte éclate et dégénère en guerre ouverte. Or, ces insurrections étant la source d'une infinité de maux, soit pour les peuples, soit pour les rois, c'est avec raison qu'elles sont ici représentées par la monstrueuse effigie de *Typhon*. Les *cent têtes* de ce monstre figurent la *division* et la *multiplicité* des *pouvoirs* ;

---

temps en temps, pendant quelques heures, sur une vingtaine d'hommes, dans une chaloupe ; car le tout a nécessairement de l'analogie avec les parties dont il est composé. Dans une chaloupe et dans un empire se trouvent les mêmes relations; ce sont toujours des hommes qui se résistent réciproquement, et dont chacun voudroit devenir le maître. Il n'est point d'individu qui ne soit tout à la fois roi et sujet, parce qu'il n'en est point qui ne soit dans le cas de commander et d'obéir alternativement : ainsi, quoique ce chapitre semble ne parler qu'aux rois, il parle à tous les individus.

ses *gueules enflammées* désignent les *incendies;* ces *serpens* qui lui servent de *ceinture* ou de *collier,* indiquent les *maladies pestilentielles* qui règnent alors, sur-tout durant les sièges ; ses *mains de fer* se rapportent aux *massacres;* les *serres d'aigle* sont l'*image* des *rapines* et des *vexations;* enfin, les *plumes* dont tout son corps est couvert, représentent les *bruits inquiétans* qui se répandent alors, ainsi que les nouvelles fâcheuses et les *vaines terreurs* dont ces bruits sont la source. Quelquefois le parti insurgent prend tellement le dessus, que les rois, emportés, pour ainsi dire, par les rebelles, sont forcés d'abandonner le siège de leur empire et leurs principales villes, de rassembler autour d'eux le peu de forces qui leur restent, et de se retirer dans quelque province éloignée et peu connue, après avoir perdu leurs *trésors* et leur *autorité*, qui sont leurs *deux principaux nerfs.* Cependant, quelque temps après, pour peu qu'ils supportent leur disgrace avec une sage patience, ils recouvrent leurs nerfs par *l'industrie* et la *dextérité de Mercure*, je veux dire que, par de *sages édits*, par leur *affabilité*, par des discours gracieux et populaires, ils regagnent peu à peu l'affection de leurs sujets, qui ensuite paient avec joie les contributions; et c'est ainsi que l'autorité du prince reprend une nouvelle vigueur. Cependant les princes les plus prudens et les plus circonspects se gardent bien de tenter souvent la fortune en pareille circonstance, et de risquer des batailles; ils tâchent seulement de ruiner la réputation des rebelles par quelque exploit mémorable. Si cette tentative est couronnée par le succès, les rebelles, étant découragés et abattus par cette grande blessure, et commençant à redouter la vengeance du prince, tout le feu qui leur reste, s'exhale en *vains murmures*, figurés dans cette fable par le *sifflement des serpens :* ensuite, désespérant tout-à-fait de leur fortune, et perdant entièrement courage, ils commencent à se disperser en fuyant; et alors enfin, il est temps pour les rois de les écraser, en jetant sur eux *le mont Etna,* c'est-à-dire, de tomber sur eux avec toute la masse des forces du royaume.

III. *Les Cyclopes,* ou *les ministres de terreur.*

Les poëtes ont feint que *Jupiter,* indigné de la barbarie et de la férocité des *Cyclopes,* les précipita dans le *Tartare,* et les condamna ainsi à une éternelle prison; mais la déesse *Tellus* (la *terre*) lui persuada de les élargir, et de les employer à fabriquer ses foudres. Le dieu ayant suivi ce conseil, ces Cyclopes se mirent aussi-tôt à fabriquer des foudres et autres instrumens de terreur, en travaillant sans relâche et avec un bruit menaçant. Mais, dans la suite des temps, *Jupiter,* irrité contre *Esculape,* fils d'*Apollon,* parce qu'il avoit ressuscité un homme par le pouvoir de son art, mais comme il cachoit avec d'autant plus de soin cette colère (qui, n'étant excitée que par une action très-louable en elle-même, et qui avoit été célébrée comme elle méritoit de l'être, lui paroissoit injuste à lui-même), il déchaîna contre lui, par ses secrètes instigations, les *Cyclopes,* qui obéirent aussi-tôt à ses ordres, et fulminèrent *Esculape. Apollon* tira vengeance de ce meurtre, en les perçant de ses flèches, sans que *Jupiter* s'y opposât.

Cette fable paroît désigner allégoriquement la conduite de certains rois; car quelquefois les princes de ce caractère châtient et dépouillent de leurs emplois des ministres cruels et sanguinaires; mais ensuite, abusés par les conseils de *Tellus,* c'est-à-dire, par des conseils peu généreux et peu honorables, soit pour ceux qui les donnent, soit pour ceux qui les suivent, ils rappellent ces ministres disgraciés, et les emploient dans les occasions où ils croient avoir besoin d'exacteurs impitoyables et de sévères executeurs de leurs volontés. Ces derniers qui sont cruels de leur nature, et de plus aigris par le souvenir de leur disgrace, ne manquent pas d'exécuter de tels ordres, avec tout le zèle et toute la diligence possibles; mais, comme ils manquent ordinairement de prudence, et se hâtent trop d'exercer ce dangereux office, pour se remettre en faveur, tôt ou tard, excités par la connoissance qu'ils ont des intentions du prince, mais sans avoir reçu des ordres précis à ce sujet, ils se rendent coupables de quelque barbare exécution qui excite l'indignation universelle; alors les princes, pour décliner l'odieux attaché à de telles actions, le rejetent sur ces ministres, les abandonnant tout-à-fait, et les laissent ainsi exposés au ressentiment, aux délations et à la vengeance des parens ou des amis de ceux contre lesquels ils ont exercé leur cruauté; enfin, ils les livrent à la haine publique; et alors tout le peuple applaudissant, par de bruyantes acclamations, à la conduite du prince, qui semble n'avoir d'autre but que celui de faire justice, et faisant mille vœux pour sa prospérité, ces ministres de terreur subissent, quoiqu'un peu tard, la peine qu'ils ont méritée.

IV. *Narcisse*, ou *l'homme amoureux de lui-même.*

Narcisse, suivant les poëtes, devint célèbre par ses graces et sa beauté ; mais l'éclat de ses avantages extérieurs étoit terni par de continuels dédains et par un orgueil insupportable. Ainsi, n'aimant que lui-même, il menoit une vie solitaire, parcourant les forêts, et ne s'adonnant qu'à la chasse, avec un fort petit nombre de compagnons auxquels il tenoit lieu de tout. La nymphe *Echo* le suivoit aussi en tous lieux. Un jour, las de la chasse, et poussé par sa destinée, il vint se reposer, vers le milieu du jour, près d'une fontaine dont les eaux étoient claires et limpides ; y ayant apperçu sa propre image, il ne se lassoit point de la considérer, et il en devint tellement amoureux que, forcé de tenir ses regards fixés sur cet objet si cher, il s'affoiblit peu à peu, et tomba dans un mortel engourdissement. Après sa mort, les dieux le métamorphosèrent en cette fleur qui porte son nom, qui paroît s'épanouir au commencement du printemps, et qui est consacrée aux dieux infernaux, tels que *Pluton, Proserpine* et les *Euménides*.

Cette fable paroît avoir pour objet le tour d'esprit de ces individus, qui, infatués de leur beauté, ou de quelqu'autre avantage qu'ils doivent à la seule nature, et non à leur propre industrie, s'aiment excessivement, et sont, pour ainsi dire, amoureux d'eux-mêmes. Assez ordinairement les hommes de ce caractère n'aiment point à paroître en public, et ont de l'éloignement pour les affaires; car, dans la société et dans une vie plus active, ils auroient à essuyer, ou des affronts, ou des négligences, toutes disgraces qui pourroient les troubler et les décourager : aussi mènent-ils presque toujours une vie retirée, timide et solitaire ; contens d'une petite société toute composée de personnes qui les cajolent, qui défèrent toujours à leur sentiment, applaudissent à tous leurs discours, et sont comme leurs *échos*. Mais, enflés de ces continuels applaudissemens, gâtés par ces cajoleries, et rendus presque immobiles par cette admiration qu'ils ont pour eux-mêmes, ils deviennent excessivement paresseux, et tombent dans une sorte d'engourdissement qui les rend incapables de toute entreprise dont l'exécution demande un peu de vigueur et d'activité. C'est avec autant de jugement que d'élégance que les poëtes ont choisi une fleur printanière pour image des individus dont nous parlons. En effet, les hommes de ce caractère ont une certaine fleur de talent, et acquièrent un peu de célébrité durant leur jeunesse ; mais, dans l'âge mûr, ils trompent l'attente de leurs admirateurs, et ces grandes espérances qu'on avoit conçues d'eux. C'est dans le même esprit que les poëtes ont feint que cette fleur est consacrée aux dieux infernaux, les hommes atteints de cette maladie n'étant propres à rien : or, tout ce qui de soi-même ne donne aucun fruit, mais passe et s'efface à l'instant, comme la trace du vaisseau qui sillonne les ondes, étoit consacré par les anciens aux *ombres* et aux *dieux infernaux*.

V. *Le Styx, ou les promesses, les conventions et les traités.*

Dans un grand nombre de fables ou de fictions poétiques, il est fait mention de ce serment unique, par lequel les dieux se lioient, lorsqu'ils vouloient faire une promesse irrévocable. En faisant ce serment, ils n'attestoient aucune puissance céleste, et ne juroient par aucun des attributs divins, mais seulement par le *Styx*; fleuve des enfers qui, faisant plusieurs révolutions autour du noir empire de *Pluton*, l'environnoit comme une ceinture à plusieurs doubles. Cette formule de serment étoit toujours employée seule, et on ne la joignoit jamais à aucune autre, pour lui donner plus de force et la rendre inviolable; car la peine décernée contre ceux qui la violoient, étant celle que les dieux redoutoient le plus ; savoir, celle d'être exclus du banquet des dieux, pendant un certain nombre d'années, elle formoit une sanction suffisante.

Cette fable paroît avoir pour objet les *conventions* et *les traités des princes ;* car on est malheureusement trop fondé à observer, à ce sujet, que ces traités, quelque solemnels qu'ils puissent être, et de quelque serment qu'ils soient appuyés, ont si peu de stabilité, qu'on doit plutôt regarder ces sermens comme une espèce de cérémonial et de formalité destinée à en imposer au vulgaire, que comme une sûreté et une garantie qui puisse assurer l'exécution de ces traités. Osons dire plus, dans les cas mêmes où les liens de la parenté (qui sont comme la sanction de la nature), et des services mutuels, se joignent à ces sermens, le tout paroît à la plupart des princes insuffisant pour balancer leurs ambitieuses prétentions, et pour ne pas céder aux prérogatives licencieuses de la souveraineté.

Ce qui est d'autant moins étonnant,

qu'il est toujours facile aux princes de pallier, par une infinité de prétextes spécieux, leur cupidité, leur ambition et leur mauvaise foi, attendu qu'ils ne voient au-dessus d'eux aucune puissance à laquelle ils soient forcés de rendre compte de leurs actions. Aussi a-t-on raison de dire que la garantie proprement dite, et la vraie sanction de ces traités, n'est rien moins qu'une puissance céleste, mais la *nécessité* (la seule qui soit respectée des puissances de ce monde), le danger imminent de leurs états et l'utilité réciproque ; car la plus élégante image de la nécessité, c'est le *Styx*, fleuve redoutable que tout mortel doit passer et ne repassera jamais. Ce fut aussi la seule divinité que l'Athénien *Iphicrate* voulut avoir pour garant d'un traité ; et comme cet illustre personnage est le seul qui ait osé dire hautement ce que tant d'autres pensoient secrètement, il ne sera pas inutile de rapporter ici ses propres paroles : voyant les Lacédémoniens imaginer et proposer une infinité de précautions et de sanctions, pour assurer l'exécution d'un traité: *Vous ne pouvez*, leur dit-il, *ô Lacédémoniens! vous donner des liens assez forts, et nous donner une sûreté suffisante, qu'en nous faisant voir clairement que vous nous avez mis entre les mains des moyens suffisans pour vous mettre hors d'état de nous nuire, dans le cas même où vous seriez tentés de le faire*. Ainsi, soit qu'on ôte aux princes la faculté de nuire, soit qu'ils courent risque de se perdre tout-à-fait en violant leurs traités, soit enfin qu'ils craignent que la diminution de leur territoire, de leurs revenus, du produit de leurs douanes, ou des pensions que leur paient d'autres princes, soit une conséquence de ces infractions ; dans tous ces cas, dis-je, on peut regarder leurs traités comme garantis par une sanction aussi forte que s'ils juroient par le *Styx ;* car alors ils craignent véritablement d'être exclus *de la table des dieux*, figure que les anciens employoient pour représenter les droits, les honneurs, les avantages et les prérogatives de la souveraineté, telles que l'affluence des biens de toute espèce et le bonheur qui y sont naturellement attachés.

VI. *Endymion, ou le favori.*

La *lune*, suivant la fable, aima le berger *Endymion*; mais ce commerce étoit d'une nature singulière, et tout-à-fait extraordinaire. Car, tandis que ce berger dormoit dans une certaine grotte percée par la seule nature dans les rochers de *Lathmos*, la *lune* descendoit de la sphère supérieure, et s'offroit d'elle-même aux caresses de l'aimable berger endormi, puis remontoit dans les cieux. Néanmoins ce sommeil et ce repos ne nuisoient à la fortune d'*Endymion;* tandis qu'il dormoit, son troupeau, par le pouvoir de la déesse son amante, engraissoit et multiplioit à vue d'œil, en sorte qu'aucun berger du canton n'avoit des troupeaux comparables aux siens, soit pour le nombre, soit pour la beauté.

Cette fable paroît destinée à donner une juste idée des inclinations, des goûts et des mœurs des souverains; car ces princes ayant l'esprit rempli de pensées affligeantes, et disposé au soupçon, n'admettent pas aisément dans leur familiarité la plus intime, les personnages curieux et pénétrans, dont l'ame est, pour ainsi dire, toujours éveillée et attaquée d'une sorte *d'insomnie;* mais ils préfèrent des hommes d'un caractère plus paisible, plus complaisans, disposés à se prêter à tous leurs caprices, insouciaus à l'égard des mœurs de leur maître, qui ont toujours l'air de tout ignorer, de ne s'appercevoir de rien, et qui semblent être endormis; enfin, en qui ils trouvent une déférence aveugle plutôt qu'une complaisance étudiée. C'est en faveur des hommes de ce caractère, que les princes veulent bien se relâcher de leur majesté, descendre de leur hauteur, comme la *lune* descendoit de la sphère supérieure en faveur d'*Endymion*, et se débarrasser de ce masque imposant qu'ils sont obligés de porter continuellement, et qui est pour eux une sorte de fardeau;

enfin, c'est avec eux qu'ils aiment à vivre dans la plus étroite familiarité, et qu'ils croient pouvoir le faire sans danger. C'étoit ce qu'on observoit sur-tout dans *Tibère-César*, prince d'un caractère extrêmement difficile, qui n'avoit pour favoris que des hommes qui, à la vérité, connoissoient très bien tous ses vices, mais qui dissimuloient cette connoissance avec une sorte d'obstination et d'insensibilité : observation qu'on a faite également sur *Louis XI*, roi de France, prince très circonspect et très artificieux; et ce n'est pas au hazard que les poëtes, dans cette fable, font mention de cette grotte où dormoit *Endymion;* car assez ordinairement les favoris de cette espèce ont, dans certains lieux retirés, des maisons de plaisance, où ils invitent leur maître à se rendre, pour se délasser, en se mettant à son aise, et se déchargeant tout-à-fait du poids de sa fortune. On doit observer aussi que la plupart de ces favoris insoucians font très bien leurs affaires, et tirent de cette familiarité du prince des avantages très réels. Il se peut, à la vérité, que leur maître ne les élève point aux grandes dignités; mais, comme il a pour eux une affection sincère, et ne les aime pas seulement en vue de l'utilité et des services qu'il peut tirer d'eux, il verse sur eux une infinité de graces d'une autre espèce; et, par sa munificence, il ne tarde pas à les enrichir (1).

___

(1) Le lecteur observe sans doute que notre philosophe courtisan applique fréquemment aux rois et à leur cour ces fables qu'il explique. Un curé croit voir, dans la lune, son clocher; une femme sensible, son amant; et un courtisan, son despote; chacun, en un mot, l'objet dont il a l'imagination remplie. Cependant il nous semble que cette fable s'appliqueroit, avec beaucoup plus de justesse, à une femme d'un rang très élevé, qui, étant passionnée pour un homme d'une classe très inférieure, mais doué du talent de plaire, s'abaisse à l'aimer, le va trouver en secret, lui fait toutes les avances et prend soin de sa fortune, en partie par tendresse, en partie par vanité, et pour avoir moins à descendre et à rougir. Si l'inventeur de cette fable eût

VII. *La sœur des géans, ou la renommée.*

Les *géans*, qui étoient enfans de la terre, firent la guerre à *Jupiter* et aux autres *dieux* (1) ; mais ils furent vaincus et écrasés par la foudre. Puis la *terre* irritée par l'effet de la colère même des

---

voulu parler d'un *roi* et non d'une *reine*, il ne l'auroit pas représenté par la *lune*, mais par le *soleil;* car ces *deux astres* sont la *double image* et peut-être la *cause des deux sexes.* Au reste, chaque individu, comme nous l'avons dit dans une des notes précédentes, étant *roi* par rapport à certains individus, et *sujet* par rapport à d'autres, ce que notre auteur dit des rois peut s'appliquer non-seulement à leurs sujets, mais même aux citoyens d'une république.

(1) Et *aux autres dieux;* ces mots nous paroissent de trop, parce qu'ils mettent cette phrase en contradiction avec la suivante; si, après la défaite des géans, la *terre*, leur mere, fut irritée par les dieux, ceux-ci étoient donc du parti des géans; et c'est en effet ce que disent plusieurs fables connues : allégorie qui signifie que les grands, coalisés avec le peuple, excitent une révolte.

dieux, et voulant tirer vengeance de la défaite de ses fils, enfanta la *renommée*, qui doit en conséquence être regardée comme leur sœur puînée et posthume, suivant cette fiction d'un poëte célèbre.

La terre irritée par la colère des dieux, l'enfanta, dit-on, *après Cée et Encelade.*

Voici quel paroît être le sens de cette fable. La *terre* représente la nature séditieuse du vulgaire ou du peuple, qui, étant presque toujours mécontent de ceux qui gouvernent, soupire après les innovations (1). Cette mauvaise disposition, lorsque l'occasion paroît favorable, enfante, pour ainsi dire, les rebelles et les séditieux, qui trament des complots,

_____

(1) Ce gouvernement dont le peuple est l'ennemi, ce n'est nommément ni la *monarchie*, ni l'*aristocratie*, ni la *démocratie*, mais celui auquel il est actuellement soumis; et *c'est toujours le tenant qui a tort à ses yeux.* L'homme est toujours mécontent de sa situation, et le peuple est un composé d'hommes non moins injustes que ceux qui les gouvernent.

et se coalisent pour attaquer les souverains et les détrôner. Puis, lorsque le parti insurgent est abattu, et la révolte étouffée, cette même nature de la populace, qui applaudit en secret aux perturbateurs des états, et qui ne peut endurer le repos (1), enfante des bruits séditieux, des murmures, des médisances, des plaintes et des libelles, qui circulent pour décréditer le gouvernement et le rendre odieux; en sorte que les discours et les déportemens des rebelles semblent être d'une même extraction, d'une même race, et ne différer tout au plus que par le *sexe*; les *actions étant mâles, et les paroles femelles* (2).

---

(1) Le peuple ne peut endurer son état, parce que sa *misère* n'est pas un repos, mais une continuelle agitation occasionnée par une multitude immense de besoins non satisfaits; et il voudroit se délasser par un peu plus d'aisance que les séditieux lui promettent toujours et ne lui donnent jamais: *celui qui ne pêche rien dans l'eau claire, tâche de pêcher dans l'eau trouble.*

(2) Les *livres* sont un peu plus *mâles* que les

VIII. *Actéon et Penthée, ou l'homme trop curieux.*

Cette indiscrète curiosité qui va épiant les secrets d'autrui, et qui assez ordinairement est peu scrupuleuse dans le choix des moyens qu'elle emploie pour les découvrir, est allégoriquement figurée dans deux fables inventées par les anciens ; savoir, dans la fable d'*Actéon*, et dans celle de *Penthée*. *Actéon* étant survenu par hazard, lorsque *Diane* étoit au bain, et l'ayant vue tout-à-fait nue, elle le métamorphosa en *cerf*, et il fut mis en pièces par les chiens mêmes qu'il avoit nourris. *Penthée* voulant voir, par ses propres yeux, les sacrifices secrets et les orgies de *Bacchus*, monta sur un arbre, pour satisfaire sa curiosité, en punition de laquelle il fut attaqué de *frénésie*. Or, la démence de *Penthée* étoit de telle

---

discours, quand l'auteur n'est point comme *une femelle*, continuellement occupé de sa *toilette*, et pense plus souvent au *public* qu'à son *individu*.

nature, que tous les *objets* lui paroissant *doubles*, il voyoit *deux soleils, deux villes de Thèbes*, etc. en sorte que lorsqu'il vouloit aller à *Thèbes*, il croyoit voir d'un autre côté une autre ville de *Thèbes*; ce qui le faisoit revenir sur ses pas; et trompé par cette illusion, il ne faisoit qu'aller et venir, monter et descendre, n'ayant plus ni de but fixe, ni de repos. C'est ce que dit le poëte *Horace*.

Semblable à Penthée, appercevant la troupe des Euménides, et voyant deux soleils, deux Thèbes, etc.

La première de ces deux fables a pour objet les secrets des princes, et la seconde, les mystères de la religion; car ceux qui sont parvenus à découvrir les secrets des princes, sans avoir été admis dans leur conseil, et contre leur volonté, sont assurés de leur devenir odieux. Aussi n'ignorant pas que leur maître, indisposé contre eux, épie les occasions et cherche des prétextes pour les perdre, ils mènent une vie timide comme les *cerfs*, et tout leur fait ombrage. Trop souvent aussi leurs propres domestiques, pour faire leur cour au prince, les accusent, et contribuent à leur perte. Car, lorsqu'un homme ayant encouru la haine du prince, sa disgrace devient publique, il trouve dans ses propres domestiques autant de traîtres qui se joignent à ses ennemis, et il éprouve le sort d'*Actéon* (1).

Le malheur de *Penthée* est d'une autre nature; lorsque l'homme prenant un essor téméraire, et oubliant trop aisément sa condition de mortel, veut, du haut de la nature et de la philosophie

---

(1) Le lecteur observera encore ici que la personne qu'Actéon offense involontairement, en découvrant ce qu'elle veut cacher, est une *femme* et non un *homme*; car les femmes s'irritent beaucoup plus que les hommes contre ceux qui découvrent leurs secrets, et même contre ceux à qui leur propre bouche les a révélés et à qui elles ont fait d'indiscrets aveux; ce sexe étant beaucoup plus foible, plus irritable et plus dépendant de l'opinion que le nôtre : sans compter que ce sont les personnes même les plus curieuses qui détestent le plus les curieux.

(hauteur représentée, dans cette fable, par cet arbre sur lequel *Penthée* monta) découvrir les divins mystères, sa témérité est punie par une incertitude et une irrésolution perpétuelle; car, la lumière de la nature et la lumière divine étant très différentes, les hommes dont nous parlons, croient voir *deux soleils*. En quoi ils ressemblent à *Penthée*, s'imaginant voir deux villes de *Thèbes*; car *Thèbes*, dans la fable que nous expliquons, représente les *buts*, les *fins* des actions humaines, cette ville étant alors la *résidence*, *l'asyle de Penthée*: d'où il arrive qu'en toutes circonstances, flottant dans une incertitude et une irrésolution perpétuelle, ils ne savent de quel côté tourner leurs pas, et ne font que tournoyer, ou aller et venir, en s'abandonnant, sans réflexion, aux soudaines impulsions de leur esprit, et en cédant toujours à l'impression du moment.

IX. *Orphée, ou la philosophie.*

Cette fable, dont *Orphée* est le sujet,

et qui est assez connue, mais qui n'a pas encore été interprétée avec assez d'exactitude dans toutes ses parties, paroît être l'*image de la philosophie*, prise en totalité ; car tout ce qui concerne ce personnage, vraiment divin, versé dans tous les genres d'harmonie, attirant et subjuguant tout par la douceur de ses accords, s'applique naturellement à la philosophie. En effet, les travaux d'*Orphée* l'emportent sur ceux d'*Hercule*, comme les œuvres de la *sagesse*, sur celles de la *valeur*, par l'importance, l'étendue et la durée de leurs effets.

Orphée, dit cette fable, ne pouvant se consoler de la perte d'une épouse tendrement aimée, qui avoit été enlevée par une mort prématurée, et se fiant au pouvoir de sa *lyre*, conçut le hardi dessein de descendre aux enfers, pour supplier les mânes (les divinités du noir séjour) de lui rendre sa compagne, et son espérance ne fut pas trompée. Car, *Orphée* ayant appaisé les mânes par la suave mélodie de ses chants et de sa lyre, il lui fut permis d'emmener son épouse, mais à condition qu'elle le suivroit par derrière, et qu'avant d'arriver aux limites communes du noir empire, et de celui de la lumière, il auroit l'attention de ne la pas regarder. Mais Orphée, vaincu par son amour et son inquiétude, au moment où la condition étoit près d'être remplie, ayant eu l'imprudence de se retourner, son épouse fut ramenée précipitamment dans les enfers, et il la perdit pour toujours. Dès cet instant, s'abandonnant à la mélancholie, et prenant toutes les femmes en aversion, il se retira dans des lieux solitaires, où ses chants et sa lyre produisant d'aussi puissans effets que dans les enfers, il attira d'abord à lui les animaux de toute espèce, même les plus féroces; en sorte que, dépouillant leur instinct, perdant leur férocité et leur avidité, le desir de l'accouplement, en un mot, tous leurs appétits naturels, et subjugués par la douce mélodie de ses chants et de sa lyre, ils se rassembloient autour de lui, comme des spectateurs sur un théâtre, et se tenoient ensemble paisiblement, attentifs seulement à ces sons enchanteurs. Ce ne fut pas tout : tel fut, dans ces lieux, le pouvoir et l'influence de la musique, que les arbres et les pierres mêmes s'ébranlant et se mettant en mouvement, vinrent se poser et se ranger autour de lui dans le plus bel ordre. Il excita par ses brillans succès l'admiration de tous ses contemporains; mais ensuite les femmes de *Thrace*, pleines de l'esprit du dieu *Bacchus*, et poussées par une religieuse fureur, accourant dans ces mêmes lieux, embouchèrent leur terrible cornet, dont les sons rauques et éclatans couvrirent ceux de la lyre d'*Orphée*, et en détruisirent tout l'effet. Alors l'harmonie, qui étoit l'unique lien de cet ordre admirable et de cette société universelle, étant tout-à-fait troublée, et tous les animaux retournant à leur naturel, ils recommencèrent à se poursuivre et à se combattre les uns les autres, tandis que les arbres et les rochers, abandonnant ces places où ils s'étoient posés avec ordre, se dispersoient également. Enfin, *Orphée* lui-même fut mis en pièces par ces femmes furieuses, et ses membres furent dispersés dans les champs. L'*Hélicon*, fleuve consacré aux *muses*, fut si affligé de cette mort, que, dérobant ses eaux à la lumière, il prit son cours sous terre, et ne reparut que dans d'autres lieux.

Voici quel paroît être le vrai sens de cette fable : on doit observer d'abord que les chants d'*Orphée* et les sons de sa lyre ont deux effets et deux buts différens ; l'un, d'appaiser les mânes ; l'autre, d'attirer les animaux, les arbres, etc. le premier se rapportant visiblement à la *philosophie naturelle*, et le dernier à la *philosophie morale et politique ;* car le but le plus élevé de la philosophie est de rétablir entièrement les choses corrompues, en les ramenant à leur premier état, ou de les conserver dans leur état actuel, en les préservant de toute dissolution, ou du moins en retardant leur putréfaction, ce qu'on peut regarder comme le premier et le plus foible degré de l'effet à produire. Or, si une telle entreprise n'est pas impossible, il est évident qu'on ne peut l'exécuter que par une judicieuse combinaison des substances et des forces contraires de la nature, habilement tempérées les unes par les autres, combinaison élégamment figurée par les doux accords et la savante harmonie de la lyre d'*Orphée*. Cependant une telle entreprise étant toute hérissée de difficultés, rarement les tentatives, en ce genre, sont heureuses. La cause de ces mauvais succès n'est autre, selon toute apparence, que la précipitation, la minutieuse exactitude, la pesante assiduité et le desir excessif d'être instruit avant le temps ; d'où il arrive que la philosophie, après avoir ainsi manqué le but, affligée avec raison de l'impuissance de ses efforts, se tourne vers les choses humaines, et subjuguant les ames par la douceur de l'éloquence et par la force de la persuasion, y insinue l'amour de la vertu, de la justice et de la paix, engage les hommes à se réunir, pour ne plus former qu'un seul corps, à subir le joug sacré des loix, à se soumettre à l'autorité d'un gouvernement, à réprimer la violence de leurs passions, à écouter les sages maximes que la philosophie leur enseigne, et à les suivre pour leur propre utilité. Lorsque ces leçons de la philosophie fructifient, des édifices s'élèvent, des villes sont fondées, des champs ensemencés, des arbres plantés; travaux élégamment figurés par ces arbres et ces pierres qui viennent se poser et se ranger avec ordre autour d'*Orphée* (1). C'est

---

(1) M. *Deluc*, dans le *Pamflet* qu'il a publié contre nous, ou plutôt contre *Bacon*, prétend que les sociétés humaines ont eu pour première base des opinions religieuses : on voit ici que le *chancelier Bacon* n'est pas de ce sentiment. Les hommes, selon lui, selon nous et selon l'expérience, n'ont pas été réunis en société par des motifs si relevés, mais par leurs *besoins réciproques*, et par l'espérance des secours qu'ils pourroient tirer les uns des autres, en se rapprochant ainsi, comme

encore avec beaucoup de jugement et de méthode que l'inventeur de cette fable suppose que les philosophes ne se sont

---

les *castors*, les *abeilles* et les *fourmis*, etc. qui leur en donnoient l'exemple. La vue des avantages dont jouissoient deux individus qui s'étoient avisés de s'associer ainsi, aura déterminé successivement 10, 100, 1000 individus à se réunir de la même manière, pour jouir des mêmes avantages : sans compter que l'homme, sitôt qu'il ouvre les yeux, est en société, et qu'une seule famille, en se ramifiant et en étendant ses rameaux, peut avec le temps former une société immense, sans le secours de la *croix* et de la *bannière*. Or, la cause de la formation des sociétés humaines est encore aujourd'hui celle de leur conservation ; c'est encore le besoin réciproque qui force les hommes à vivre ensemble, sous peine de vivre tous fort mal, et quelquefois même de ne point vivre du tout. A la vérité, la *jalousie* et la *défiance réciproques*, filles de *l'inégalité*, fille elle-même d'une *imparfaite association*, tendent continuellement à les *diviser*; mais le sentiment continuel de ce *besoin réciproque*, plus fort que ces deux passions anti-sociales, les tient serrés les uns contre les autres; et si les ames se séparent, du moins les corps se rapprochent. J'ai peine à me persuader que des

occupés de la formation ou de la conservation des sociétés humaines, qu'après avoir entrepris de restaurer entièrement ou de rajeunir un corps mortel, et avoir enfin manqué tout-à-fait le but; car c'est une considération plus sérieuse et un sentiment plus profond de l'inévitable nécessité de mourir, qui excite les hommes à aspirer, avec tant d'ardeur, à un autre genre d'éternité, en éternisant leur nom par des actions, des productions ou des services qui laissent un long souvenir; c'est encore avec fondement que le poëte feint qu'*Orphée*, après avoir, sans retour, perdu son épouse, eut de l'aversion pour les femmes et le mariage; car les douceurs du mariage et les tendres sollicitudes attachées à la paternité, sont autant d'obstacles qui détournent les hommes

---

sauvages affamés se soient réunis tout exprès pour chanter le *kyrie, eleison*, ou le *miserere*, et qu'ils n'aient imaginé d'autre expédient pour assouvir leur faim, que celui d'engraisser les prêtres à ne rien faire, pour penser commodément à Dieu.

des hautes entreprises, et les empêchent de rendre à leur patrie ces services mémorables dont nous venons de parler, parce qu'alors, contens de se perpétuer par leur race et leur postérité, ils sont moins jaloux de s'immortaliser par de grandes actions. Cependant, quoique les œuvres de la sagesse politique tiennent le premier rang parmi les choses humaines, leurs effets ne s'étendent que sur certaines contrées, ils n'ont qu'une durée limitée, et la période, ou leur influence, est circonscrite, une fois révolue, tout s'efface pour jamais; car, après que les empires, soit royaumes, soit républiques, ont fleuri et prospéré pendant un certain temps, la paix y est troublée par des révoltes, des séditions, des guerres : au bruit des armes, les loix se taisent, et les hommes retournant à leurs inclinations dépravées, les champs sont ravagés et les villes renversées; peu de temps après, si ces fureurs sont de quelque durée, les lettres mêmes et la philosophie sont tellement déchirées, qu'il n'en reste plus que quelques fragmens, dispersés comme les débris d'un naufrage, et où se trouvent quelques planches, sur lesquelles se sauvent un petit nombre de vérités précieuses, et alors règne l'ignorance avec la barbarie ; l'*Hélicon* dérobant ses eaux à la lumière, et coulant sous terre ; cependant, en conséquence de la vicissitude naturelle des choses humaines, au bout d'un certain temps, ces eaux se font jour encore à la surface, et y coulent de nouveau, mais dans d'autres lieux, et pour d'autres nations.

X. *Le ciel, ou les origines.*

Le *ciel,* au rapport des poëtes, étoit le plus ancien des dieux : *Saturne,* son fils, lui coupa les parties génitales avec une faux. Ce fils eut ensuite un grand nombre d'enfans, mais il les dévoroit aussi-tôt après leur naissance. Enfin, *Jupiter* fut le premier qui put échapper à sa voracité. Dès qu'il fut devenu grand, il précipita *Saturne* dans le *Tartare,* et prit possession du trône. De plus, il coupa aussi les parties génitales à son père, avec la même faux qui avoit servi à mutiler son aïeul, et les jeta dans la mer, ce qui donna naissance à *Vénus*. Quelque temps après, *Jupiter* étant à peine affermi sur son trône, eut à essuyer deux guerres mémorables; la première, contre les *Titans*, qu'il vainquit par le secours du *soleil*, le seul d'entre eux qui fut de son parti, et qui se distingua dans cette guerre; la seconde, contre les *géans* qui furent aussi défaits et dispersés par les foudres et les armes de *Jupiter*. Enfin, quand il eut réduit ces derniers, il régna paisiblement.

Cette fable paroît être une sorte d'énigme servant d'enveloppe à un *système sur l'origine des choses,* peu différent de l'hypothèse adoptée dans la suite par *Démocrite*, le premier qui ait osé affirmer l'éternité de la matière, et nier l'éternité du *monde,* en quoi il a un peu plus approché que les autres de la vérité que le Verbe divin nous a révélée. Car nous lisons dans l'écriture sainte, qu'avant les ouvrages des six jours, la matière étoit encore informe et confuse.

Voici quel est le sens de cette fable. Le *ciel* est cette vaste concavité qui embrasse la totalité de la matière ; *Saturne* est cette matière même qui a ôté à son père toute faculté d'engendrer. Car la quantité totale de la matière est toujours la même, et n'est susceptible ni d'augmentation ni de diminution. Les agitations et les mouvemens irréguliers de la matière ne produisirent d'abord que des assemblages confus, incohérens et imparfaits ; ce n'étoient encore, pour ainsi dire, que *des ébauches de monde;* mais, dans la suite des temps, se forma un tout plus régulier, et susceptible de se maintenir dans son premier état. Ainsi, la première division des temps est désignée par le règne de *Saturne*, et lorsque le poëte dit que ce dieu dévoroit tous ses enfans, ces paroles indiquent les fréquentes dissolutions des premiers assemblages et leur courte durée ; la seconde est figurée par le règne de *Jupiter*, qui rélégua ces composés si variables et ces formes si passagères dans le *Tartare*, lieu dont le nom signifie *trouble, agitation*. Ce lieu paroît être tout l'espace compris entre la région inférieure des cieux et l'intérieur de la terre, espace occupé par tout ce qui est variable, fragile, mortel et corruptible. Durant cette première génération des choses, qui eut lieu pendant le règne de *Saturne, Vénus* ne prit point naissance ; car, tant que la *discorde* prévalut sur la *concorde*, dans la totalité de la matière, l'univers dut subir quelques variations dans son ensemble et dans sa structure même : générations passagères, qui eurent lieu avant que *Saturne* fût mutilé ; mais lorsque ce premier mode de génération cessant, cet autre mode qui s'opère par le moyen de *Vénus* (c'est-à-dire par l'*accouplement*), commença, la *concorde* qui étoit alors dans toute sa force, prit tout-à-fait le dessus, en sorte que l'univers, qui étoit enfin devenu un tout régulier et durable, un système complet, n'éprouva plus de changement que dans ses parties; cependant *Saturne*, quoique détrôné, mutilé et relégué, n'étoit pas tout-à-fait mort, et l'opinion de *Démocrite* étoit que le monde pouvoit retomber dans l'ancien *chaos*, et qu'il pouvoit y avoir, à cet égard, des espèces d'*interrègnes*. Le poëte *Lucrèce* souhaite que cette confusion n'ait pas lieu de son temps.

Puisse la fortune, qui gouverne tout, éloigner de nous cette vaste catastrophe; et le raisonnement, plutôt que l'expérience, nous prouver sa possibilité !

Or, après que le système du monde, en vertu des forces qui l'animoient, eut pris un peu de consistance dans sa totalité, il ne fut pas néanmoins tout-à-fait exempt de confusion; car il y eut encore pendant quelque temps, dans les régions célestes, des mouvemens très sensibles, qui furent tellement assoupis par la force victorieuse du *soleil*, que le système du monde n'en eut pas moins de stabilité. Il y eut aussi dans les régions inférieures quelques bouleversemens passagers, occasionnés par des inondations, des tempêtes, des vents, des tremblemens de terre plus universels que ceux qui se font sentir de notre temps. Mais, quand ces désordres momentanés cessèrent aussi d'avoir lieu, alors un ordre et un calme durables régnèrent enfin dans la totalité de l'univers. Mais on peut dire au sujet de cette fiction, que, si cette fable renferme un système, réciproquement ce système renferme une fable; car nous savons (et cette vérité est un article de foi) que toutes ces hypothèses ne sont que les *oracles des sens* qui depuis long-temps ont cessé de dire la vérité ; l'écriture sainte nous apprenant que c'est l'Être infiniment puissant et intelligent qui a créé l'ordre, le système et la matière même de l'univers.

XI. *Protée, ou la matière.*

Les poëtes ont feint que *Protée* étoit un *pasteur* au service de *Neptune* : c'étoit, selon eux, un *vieillard* et de plus un *devin*, d'un ordre supérieur, qui, par sa science aussi étendue que profonde, avoit mérité la qualification de *trois fois grand* (1); car il connoissoit non-seulement l'avenir, mais même le passé et le présent, en sorte qu'outre la *divination*, art où il excelloit, il étoit en état de débrouiller le chaos des plus hautes antiquités, et de dévoiler tous les secrets de la nature. Il faisoit son séjour dans une caverne immense, où il se retiroit vers le milieu du jour, pour y compter son troupeau d'animaux marins, après quoi

---

(1) *Ter-maximum* : cette expression ne signifie au fond que *très grand*, ou *grand, sous trois rapports*; car cette particule *très*, qui, dans notre langue, est le signe du superlatif, désigne le nombre *trois*, dans la langue latine, et répond à cet augmentatif hébraïque, *sanctus, sanctus, sanctus* (saint, saint, saint), dont il n'est que l'abbréviation. De-là vient aussi ce mot *magister*, sous-entendu *doctus, plus de trois fois savant* : expression répondante à cet augmentatif de *Virgile* : *ô terque, quaterque beati! ô trois et quatre fois heureux !*

il se livroit au sommeil. Ceux qui vouloient le consulter, ne pouvoient tirer aucune réponse de lui, qu'en le garottant très étroitement; le vieillard alors faisoit tous ses efforts pour se dégager de ses liens, et subissoit une infinité de métamorphoses; il se changeoit en *feu*, en *fleuve*, en *différentes espèces d'animaux*; mais si l'on tenoit ferme, il reprenoit enfin sa première et sa véritable forme.

Le sens de cette fable paroît s'appliquer aux secrets de la nature et aux différentes espèces de modes, de qualités, ou de conditions de la matière. Car le personnage de *Protée* représente la matière même, qui est dans l'univers ce qu'il y a de plus ancien après Dieu. Or, la matière habite, pour ainsi dire, sous la concavité des cieux, comme sous la voûte d'une caverne. Il est dit que *Protée* est serviteur et sujet de *Neptune*, parce que toute opération, toute distribution et tout emploi de la matière, se fait principalement par le moyen des *fluides*. Le troupeau de *Protée* paroît n'être autre chose que l'image des espèces ordinaires d'animaux, de plantes et de minéraux, où la matière paroît se répandre, et, en quelque manière, s'épuiser ; en sorte qu'après avoir complètement formé ces espèces, elle semble dormir ou se reposer, et n'être plus tentée d'en former d'autres, ou de préparer leur formation : voilà ce que signifie cette partie de la fable, qui dit que *Protée* compte son troupeau, et se livre ensuite au sommeil. Il est dit qu'il fait cette opération *vers le midi*, et non *vers l'aurore*, ou vers le soir ; c'est-à-dire, dans le temps où la matière est suffisamment préparée, *élaborée*, et, pour ainsi dire, *mûrie*, pour former et faire éclorre les espèces : temps qui tient le milieu entre celui où se forment les simples *ébauches* de ces espèces, et celui où elles *dégénèrent*. Or, ce temps, comme l'histoire sacrée en fait foi, fut celui même de la création (de *la formation* de l'univers). Car alors, par la force de cette parole divine *qu'elle produise* (ou *produis*), la matière, à l'ordre du créateur, au lieu de faire ses circuits et ses essais ordinaires, exécuta, du premier coup, l'opération finale. Il dit, *et la matière coulant à l'instant dans tous les moules en même temps, les espèces furent formées, et l'univers entier fut moulé d'un seul jet.* La fable suppose *Protée* dégagé de ses liens, et parfaitement libre avec son troupeau; parce que l'immensité des choses, envisagée avec les structures communes et les formes ordinaires des espèces, présente la matière dans un état de parfaite liberté, et, pour ainsi dire, *le troupeau des combinaisons les plus faciles;* mais, si un *ministre de la nature*, éclairé et guidé par le génie, prend peine à lui faire une sorte de violence, et à la tourmenter de toutes les manières, comme s'il avoit le dessein formel de l'anéantir, alors la matière résistant à toutes ces forces qu'il emploie contre elle (car elle ne peut être vraiment anéantie que par un acte de la toute-puissance divine), et faisant effort pour se dégager de ses liens, se tourne en tous sens pour s'échapper, subit les plus étranges métamorphoses, et prend successivement une infinité de formes différentes ; en sorte qu'alors, après avoir parcouru toutes les combinaisons, tous les modes, tous les degrés, toutes les nuances, et, en quelque manière, fait le cercle, elle semble revenir à son premier état, si l'on continue à lui faire violence. Or, la plus sûre méthode pour la resserrer et la lier ainsi, c'est de lui mettre, pour ainsi dire, des menotes ; c'est-à-dire, d'employer les moyens extrêmes (le *maximum* et le *minimum*, dans chaque genre d'opération). Cette partie de la fable, qui suppose que *Protée* est *devin*, et connoît tout à la fois le passé, le présent et l'avenir, est parfaitement conforme à la nature même de la matière ; or, il est évident que tout homme qui connoîtroit les *passions*, les *appétits* et les *procédés primitifs* de la matière (les *forces primordiales* et les *opérations primitives et intimes de la matière*), auroit, par cela seul, une connoissance générale et sommaire des faits passés, présens et futurs, quoiqu'une telle connoissance ne pût s'étendre aux faits particuliers et individuels (1).

XII. *Memnon, ou l'homme précoce.*

Memnon, disent les poëtes, étoit fils de *l'Aurore :* il se faisoit remarquer par la beauté de ses armes : devenu célèbre

---

(1) Nos lecteurs excuseront sans doute les expressions que j'ai quelquefois employées, en traduisant cet article et beaucoup d'autres. Je ne puis me mettre au niveau d'un sujet si hardi, qu'à l'aide d'un style de même nature. Nous sommes ici au point le plus élevé et, pour ainsi dire, *au sommet* de la philosophie ; et employer servilement la langue commune, pour rendre des idées si extraordinaires, ce seroit tomber dans une sorte de contre-sens. D'ailleurs, notre auteur n'étant pas assez géomètre, et se contentant presque toujours d'à-peu près, je suis souvent obligé de lui prêter quelques idées, et d'intercaler les mots répondant à ces idées ajoutées. Comme il a presque toujours écrit avant d'avoir achevé sa pensée, je suis forcé d'achever moi-même cette pensée, pour interpréter clairement ce qu'il a écrit. Quand l'auteur

par le vent de la faveur populaire, et encouragé par les vains applaudissemens de la multitude, il partit pour la guerre de *Troies*. Mais, comme il aspiroit avec trop de précipitation et de témérité à se faire un grand nom, ayant ôsé combattre *Achille*, le plus courageux et le plus fort des Grecs, il fut vaincu et tué. *Jupiter*, affligé de la mort prématurée de

---

original, n'ayant pas eu le temps ou la patience de méditer suffisamment son sujet, ne dit que la moitié de ce qu'il veut dire, l'interprète, pour le rendre intelligible, doit traduire plutôt ce qu'il a voulu dire que ce qu'il a dit ; et lorsqu'on rencontre très fréquemment cinq ou six phrases de suite, composées chacune *d'un nominatif et d'un verbe, sans régime,* il faut bien ajouter, dans chacune de ces phrases, ce régime supprimé, sous peine de donner au public, sous le nom de traduction, un *recueil* de *logogryphes*. Le chancelier *Bacon*, qui singe un peu trop *Tacite*, dont il est grand admirateur, paroît avoir ignoré que la véritable *précision* ne consiste pas à retrancher des mots essentiels, mais *à simplifier toutes les expressions nécessaires, et à supprimer toutes les expressions inutiles.*

ce guerrier, et déplorant son sort, envoya à ses funérailles une infinité d'oiseaux, pour accompagner le corps et l'honorer par des chants qui avoient je ne sait quoi de lugubre et de plaintif. On lui érigea dans la suite une statue, qui, lorsqu'elle étoit frappée des rayons du soleil, rendoit aussi des sons plaintifs (1).

Cette fable paroît désigner les jeunes hommes de grande espérance, enlevés par une mort prématurée : on peut, en effet, les regarder comme *les enfans de l'Aurore* (2); car, séduits par quelque

---

(1) Il ne seroit pas impossible de construire une statue qui rendroit de tels sons, en pratiquant dans son intérieur une grande cavité, remplie d'air inflammable, à laquelle s'aboucheroit un tuyau, dont l'autre extrémité répondroit aux ailes d'une espèce de volant fort léger et fixé sur le même arbre qu'un tambour de serinette, avec ses sautereaux et ses tuyaux, etc. Au reste, cette statue de *Memnon* chez les *Égyptiens*, étoit l'emblême du corps humain, animé, selon eux, par le *soleil :* c'étoit la *lyre touchée par Apollon.*

(2) La *jeunesse* est le *printemps* ou l'*aurore de*

avantage extérieur qui les distingue, et par de vains applaudissemens, ils forment des entreprises au-dessus de leurs forces; ils osent défier des héros; ils se mesurent avec eux, et succombent dans un combat si inégal; mais une commisération universelle et de longs regrets honorent leur mémoire. Rien, dans les destinées des mortels, n'est plus déplorable et n'excite de plus vifs regrets que la vertu moissonnée dans sa fleur. Car, celui qui périt ainsi avant le temps, n'a

---

la vie humaine; ce qui n'est pas tout-à-fait une figure poétique, mais une comparaison fondée sur une analogie physique; car, à tout âge et en tout temps, on se sent *plus jeune le matin que le soir:* la vie est toute composée de naissances, de morts et de renaissances alternatives. Nous mourons, en quelque manière, en nous endormant; et en nous éveillant, nous ressuscitons : durant toute la matinée de chaque jour, nous avons encore peu vécu, et nous sommes encore jeunes, par rapport à ce jour-là, comme nous le sommes durant la matinée de cette journée un peu plus longue, que nous appellons la vie.

pas encore assez vécu pour rassasier de lui-même, ni pour exciter l'envie, qui pourroit adoucir un peu ces regrets et tempérer cette compassion. De plus, ces lamentations et ces gémissemens, ce n'est pas seulement à leurs funérailles qu'ils se font entendre ; mais ils sont de longue durée, et se prolongent dans l'avenir. C'est sur-tout dans les grandes innovations et au commencement des grandes entreprises, qu'on peut regarder comme les rayons du soleil levant, qu'on voit ces regrets se renouveller.

XIII. *Tithon, ou la satiété.*

Une fable très ingénieuse dit que l'Aurore aima *Tithon*, et que, souhaitant de vivre éternellement avec lui, elle supplia *Jupiter* d'accorder à son amant le don de l'immortalité ; mais que, par une étourderie assez ordinaire dans une femme, elle oublia de demander aussi qu'il fût exempt de vieillir. En conséquence, Tithon, devenu immortel, mais vieillissant de plus en plus, et accablé des maux de cette vieillesse, qui alloient toujours en croissant (la mort qui lui étoit refusée ne pouvant y mettre fin), devint le plus malheureux des hommes. Heureusement pour lui, Jupiter, qui en eut pitié, le changea enfin en *cigale*. Cette fable est un ingénieux emblême de la volupté et de ses inconvéniens. En effet, la volupté, dans ses commencemens, qu'on peut regarder comme son *aurore*, est si agréable aux hommes, qu'ils souhaiteroient que ces jouissances fussent éternelles; oubliant trop que tous ces plaisirs doivent finir par l'*ennui* et le *dégoût*, qui est comme *la vieillesse de la volupté;* en sorte qu'à la fin les hommes n'étant plus capables de *jouissances effectives;* mais n'ayant perdu que le *pouvoir de jouir,* sans en avoir perdu le *desir* et la *volonté*, aiment ordinairement à parler des plaisirs qu'ils ont goûtés dans la force de l'âge ; se contentant alors de simples *discours* sur ce sujet, et de ces jouissances idéales. C'est ce qu'on observe sur-tout dans les hommes très voluptueux et dans les guerriers; les premiers, dans leur vieillesse, aimant les discours obscènes; et les derniers, au même âge, se plaisant à raconter leurs prouesses. En quoi, les uns et les autres ressemblent aux *cigales* dont toute la force est dans leur voix.

XIV. *L'amant de Junon, ou la bassesse d'ame.*

Les poëtes ont feint que *Jupiter*, pour jouir plus paisiblement de ses amours, prit une infinité de formes différentes; comme celles de *taureau*, d'*aigle*, de *cygne*, de *pluie d'or*; mais que, pour solliciter *Junon*, il prit une forme très ignoble et très ridicule; savoir, celle d'un *coucou* (1), mouillé par une pluie d'orage, tout tremblant et tout morfondu.

---

(1) Presque toutes les fables supposent que *Jupiter* étoit l'époux de Junon; et celle-ci dit qu'il prit la forme d'un coucou pour lui plaire : ces deux faits, à la première vue, semblent contradictoires; cependant il n'est pas tout-à-fait impossible de les concilier.

Cette fable, très ingénieuse, pénètre dans les replis les plus profonds du cœur humain; en voici le sens : Que les hommes ne se flattent pas au point d'imaginer qu'après s'être distingués par mille preuves de talens et de vertus, ils seront assurés de l'estime générale et gagneront tous les cœurs ; c'est un double avantage qu'ils n'obtiendront qu'à raison du tour d'esprit et du caractère des personnes dont ils rechercheront l'estime et l'affection : s'ils ont affaire à des personnes dépourvues de toutes qualités estimables, et qui n'aient que de l'orgueil, joint à beaucoup de malignité (genre de caractère figuré dans cette fable sous le caractère de *Junon*); qu'ils se persuadent bien qu'ils doivent commencer par se dépouiller de tout ce qui peut leur faire honneur et leur donner du relief; autrement ils échoueront: et ce n'est pas assez d'une complaisance outrée, en pareil cas, c'est de la bassesse et de l'abjection qu'il faut (1).

---

(1) Cette explication nous paroît un peu trop

XV. *Cupidon,* ou *l'atome* (1).

Ce que les différens poëtes ont dit de

---

vague : en voici une plus précise et fondée sur une grave autorité. *Sanchoniaton* prétend que, pour subjuguer une femme aimable, dont on veut avoir la propriété usufruitière et s'élever plus aisément à l'auguste dignité de mari, il faut tâcher *de se donner l'air d'un sot,* attendu que les femmes ne cherchent que cela : il ajoute que chaque individu de ce sexe si doux veut avoir *un héros pour amant et un sot pour époux :* mais, comme les femmes sont naturellement compatissantes, le véritable sens de cette fable est que, si le faste et l'appareil de la grandeur est un moyen pour subjuguer la vanité des femmes, la plus sûre méthode pour obtenir leur tendresse, c'est d'exciter en elles une commisération renforcée par l'estime.

(1) Comme cette fable se trouve aussi en tête de l'ouvrage suivant, qui est le dernier de cette collection, mon premier dessein étoit de fondre ensemble les deux narrations et les deux explications, pour n'en faire qu'une seule fable et une seule interprétation, en retranchant de la seconde tout ce qui se trouve dans la première, et en ajoutant à cette première tout ce qui n'est que dans la seconde : mais m'étant apperçu que ces deux ex-

l'*Amour* ne peut convenir à un seul personnage (à une seule et même divinité); cependant leurs fictions sur ce sujet ne diffèrent pas tellement les unes des autres, qu'on ne puisse, pour éviter tout à la fois la confusion et la duplicité de personnages, rejeter ce qu'elles ont de différent et prendre ce qu'elles ont de commun, pour l'attribuer à un seul. Certains poëtes, dis-je, prétendent que l'Amour est le plus ancien de tous les dieux, et par conséquent de tous les êtres, à l'exception du *chaos,* qui, selon eux, n'est pas moins ancien que lui. Or, les philosophes ou les poëtes de la plus haute antiquité ne qualifient jamais le *chaos* de *divinité;* la plupart d'entre eux, en parlant de cet Amour si ancien, supposent qu'il n'eut point de père; quelques-uns

---

plications ne sont pas d'accord entre elles, j'ai été obligé de renoncer à cette idée, et de donner les deux fables telles qu'elles sont; il n'en résultera d'autre inconvénient que la répétition inévitable de quelques phrases.

l'appellent l'*œuf de la nuit* (*ovum noctis*); ce fut lui qui, en fécondant *le chaos*, engendra tous les dieux et tous les autres êtres. Quant à ses attributs, ils se réduisent à quatre principaux ; ils le supposent, 1°. éternellement enfant ; 2°. aveugle ; 3°. nu ; 4°. armé d'un arc et de flèches. L'autre Amour, suivant d'autres poëtes, est le plus jeune des dieux et fils de *Vénus ;* on lui donne tous les attributs du plus ancien, et ils se ressemblent à certains égards.

Cette fable se rapporte au berceau de la nature, et remonte à l'origine des choses ; l'*Amour* paroît n'être que l'*appétit* ou le *stimulus* (*la tendance primitive* ou *la force primordiale*) *de la matière* (1); ou, pour développer un peu plus notre pensée, *le mouvement naturel de l'atome :* c'est cette force unique et

―――――――

(1) Je prie le lecteur de fixer son attention sur cette définition, ou plutôt sur cette application, afin de pouvoir la comparer avec celle que nous trouverons dans l'ouvrage suivant.

la plus ancienne de toutes, qui, en agissant sur la matière, forme et constitue tous les composés ; elle est absolument *sans père*, c'est-à-dire, *sans cause;* la *cause* d'un *effet* en étant, pour ainsi dire, le *père*. Or, une telle force ne peut avoir aucune cause dans la nature, excepté Dieu (exception qu'il faut toujours faire); car rien n'ayant existé avant cette force, elle ne peut avoir de cause productive, ni être un effet; et, comme elle est ce qu'il y a de *plus universel* dans la nature, elle n'a pas non plus de *genre* ni de *forme* (*de différence spécifique*); en conséquence, quelle que puisse être cette force, elle est *positive*, absolument *sourde* (unique en son espèce et en son genre, sans corrélatifs et incomparable). De plus, s'il étoit possible de connoître sa *nature* et son *mode d'action*, on ne pourroit parvenir à cette double connoissance par celle de sa cause ; car étant, après Dieu, *la cause de toutes les causes*, elle est elle-même *sans cause*, et par conséquent *inexplicable*. Il se peut toutefois que la pensée humaine ne puisse saisir et embrasser son véritable mode. Ainsi les poëtes le regardent avec raison comme l'*œuf pondu par la nuit.* Ce philosophe sublime, dont les ouvrages font partie des saintes écritures, s'exprime ainsi à ce sujet : *Il a fait chaque chose pour être belle en son temps, et il a livré le monde à leurs disputes ; de manière cependant que l'homme ne découvre jamais l'œuvre que Dieu a exécutée depuis le commencement jusqu'à la fin ;* car la loi sommaire de la nature, ou la force de ce *Cupidon*, que Dieu a imprimée lui-même dans toutes les particules de la matière, et dont l'action réitérée, ou multipliée, produit toute la variété des composés ; cette force, dis-je, peut frapper légèrement et effleurer tout au plus la pensée humaine ; mais elle n'y pénètre que très difficilement. Le système des Grecs sur les *principes matériels,* suppose beaucoup de pénétration et de profondeur dans leurs recherches. Quant à ces *principes du mouvement,* d'où dépendent les *générations*, ils n'ont eu sur ce sujet que des idées très superficielles, et peu dignes d'eux; et c'est principalement sur le point dont il est question ici, qu'ils semblent tous être aveugles et ne faire que balbutier. Par exemple, cette opinion des Péripatéticiens, qui suppose que le vrai *stimulus* (*aiguillon* ou principe du mouvement) *de la matière* est la *privation*, se réduit à des mots (1) qui semblent désigner quelque chose, et qui dans le fait ne désignent rien du tout. Quant à ceux qui rapportent tout à Dieu, c'est avec raison qu'ils le font; car tout doit se terminer là : mais, au lieu de s'élever par degrés, comme ils le devroient, ils *sautent*, pour ainsi dire, à la cause première. Il n'est pas douteux que la loi sommaire et unique, dont toutes les autres ne sont que

---

(1) Les deux causes les plus générales du mouvement paroissent être *l'éloignement médiocre des corps qui s'attirent réciproquement, et la proximité des corps qui se repoussent.*

des cas particuliers, et qui, par son universalité, constitue la véritable *unité* de la nature, ne soit subordonnée à Dieu : c'est cette loi même dont nous parlions plus haut, et qui est comprise dans ce peu de mots, *l'œuvre que Dieu a exécutée depuis le commencement jusqu'à la fin*. Quant à *Démocrite* qui remonte plus haut que tous les autres philosophes, après avoir donné à l'atome un commencement de *dimension* et une *figure,* il ne lui attribue qu'un seul *Cupidon*, c'est-à-dire, qu'un seul *mouvement primitif* et *absolu*, auquel il joint un mouvement *relatif;* car son sentiment est que tous les atomes, en vertu de leur mouvement propre, tendent à se porter vers le centre du monde ; mais que ceux qui, ont plus de masse, se portant avec plus de vîtesse vers ce centre, et frappant ceux qui en ont moins, les déplacent et les forcent ainsi à se mouvoir en sens contraire, c'est-à-dire, vers la circonférence. Mais cette hypothèse n'embrassant que la moindre partie des considérations nécessaires, nous paroît étroite et superficielle; car, ni le mouvement circulaire des corps célestes, ni les mouvemens, soit expansifs, soit contractifs, qu'on observe dans une infinité de corps, ne peuvent être ramenés à ce principe unique, et il paroît impossible de les concilier avec un tel mouvement. Quant au mouvement *de déclinaison* et à la fortuite agitation de l'atome, imaginés par *Epicure*, ce n'est qu'une supposition gratuite, une opinion aussi frivole qu'absurde, et un aveu indirect de son ignorance sur ce point. Ainsi, il paroît que ce *Cupidon* est enveloppé d'une nuit profonde, et beaucoup plus difficile à découvrir qu'il ne seroit à souhaiter. Ainsi, abandonnant pour le moment la recherche de sa *nature,* passons à celle de ses *attributs*. Rien de plus ingénieux que cette fiction qui suppose que *Cupidon* est *dans une éternelle enfance;* car les composés qui ont un certain volume sont sujets à vieillir; au lieu que les premières semences des choses, les atomes, dis-je, étant infiniment petits (et indestructibles), demeurent, pour ainsi dire, dans une perpétuelle enfance; c'est aussi avec d'autant plus de fondement qu'on le suppose *nu*, qu'aux yeux de tout homme qui se fait une juste idée des composés, ils paroissent comme *vêtus* et *masqués*. A proprement parler, il n'est dans la nature rien de *nu*, sinon les *élémens* de la *matière*. La supposition de l'*aveuglement* de *Cupidon* est aussi une très judicieuse allégorie; car ce *Cupidon*, de quelque nature qu'il puisse être, semble être totalement dépourvu de *providence* (d'*intelligence*); son mouvement et sa direction dépendant uniquement des corps qui l'avoisinent, et dont il *sent* l'action; il se meut, pour ainsi dire, *à tâtons*, comme les *aveugles;* ce qui doit nous donner une plus haute idée de cette *providence divine* et souveraine qui, de ces atomes tout-à-fait dépourvus de *providence* (d'intelligence) et comme *aveugles*, mais nécessités par une loi fixe et émanée d'elle, a su tirer ce bel ordre et cette harmonie que nous admirons dans l'univers. Le dernier attribut de *Cupidon*, je veux dire, *son arc et ses flèches*, signifient que cette force qu'il représente est de nature à pouvoir *agir à distance*; car ce qui *agit à distance*, semble *lancer des flèches*. Or, tout philosophe qui suppose les atomes et le vuide, est, par cela seul, forcé de supposer que la force de l'atome peut agir à distance : sans une action de cette espèce (vu le vuide interposé), aucun mouvement ne pourroit être excité ni communiqué; tout s'engourdiroit et demeureroit immobile. Quant au plus jeune des deux *Cupidons*, les poëtes le regardent avec raison comme le plus jeune des dieux; car, avant la formation des espèces, il devoit encore être sans énergie et sans vigueur. Dans la description que les poëtes en font, l'allégorie se rapporte en partie aux *mœurs*, et s'y applique aisément. Cependant la dernière a plus d'un rapport avec la première; car *Vénus* produit un *appétit* (un *desir va-*

gue) pour l'union des corps et la génération ; *Cupidon*, son fils, détermine cette affection et l'applique à tel individu. Ainsi c'est *Vénus* qui est le principe de la disposition générale ; et *Cupidon*, celui des sympathies plus particulières. Le premier dépend de causes plus prochaines (et plus faciles à découvrir), et le dernier de causes plus élevées, d'une sorte *de fatalité*, et, en quelque manière, de cet ancien *Cupidon* qui est le vrai principe de toute sympathie individuelle.

XVI. *Diomède*, ou *le zèle religieux*.

Diomède s'étant déja fait un grand nom, et étant devenu cher à *Pallas*, cette déesse l'excita, par les plus puissans motifs (et il n'étoit déja que trop téméraire), à ne pas épargner *Vénus*, s'il la rencontroit dans le combat ; ce qu'il exécuta avec audace, ayant blessé *Vénus* à la main : cette action téméraire resta impunie pendant un certain temps ; et ce guerrier s'étant illustré par les plus grands exploits, il retourna dans sa patrie ; mais, y ayant essuyé de grands malheurs, il prit le parti de s'en bannir, et de se réfugier en *Italie*. Il y fut aussi heureux dans les commencemens. *Le roi Daunus*, son hôte, lui fit de riches présens, lui procura un établissement honorable, et on lui érigea même dans ce pays un grand nombre de statues. Mais, à la première calamité qui affligea ce peuple chez lequel il s'étoit réfugié, le roi *Daunus* s'imagina qu'elle avoit pour cause la faute qu'il avoit faite, en recevant dans son palais un homme qui avoit encouru la haine des dieux, pour avoir attaqué, le fer en main, et blessé une déesse envers laquelle il eût commis un sacrilège, quand il n'auroit fait même que la toucher. En conséquence, pour délivrer sa patrie du fléau qu'il regardoit comme le châtiment de cette faute ; et, sans égard aux droits de l'hospitalité qui lui parurent devoir céder à ceux de la religion, il tua *Diomède*, il fit abattre toutes les statues de ce héros, et abolit tous les honneurs qu'on lui rendoit : on ne pouvoit même, sans danger, déplorer cette fin tragique. Mais ses compagnons, malgré cette défense, pleurant continuellement la mort de leur chef, et faisant tout retentir de leurs plaintes, furent changés en *cygnes;* oiseaux qui, près de mourir, ont eux-mêmes un chant fort doux, qui a je ne sais quoi de lugubre et de plaintif.

Le sujet de cette fable est tout-à-fait extraordinaire et unique en son genre; car nous ne connoissons aucune fable où il soit dit que tout autre héros que *Diomède* ait blessé quelque divinité. Cette fiction est visiblement destinée à peindre le caractère et le sort d'un homme dont la principale fin et le dessein formel est d'attaquer et de ruiner, par la force des armes, quelque culte divin ou quelque secte religieuse, même puérile, ridicule, et méritant à peine de fixer l'attention; car, quoique les guerres sanglantes, au sujet de la religion, aient été inconnues aux anciens (1); *les dieux du paganisme n'étant pas entachés de cette jalousie qui est l'attribut propre*

---

(1) *Anaxagore, Socrate, Damon*, précepteur et ami de *Périclès*, et beaucoup d'autres furent persécutés par les prêtres païens; des fanatiques brûlèrent quatre-vingts Pytagoriciens, dans une maison où ils étoient assemblés. Il y a eu aussi dans la Grèce plusieurs guerres de religion, et, par cette raison même, qualifiées de *sacrées* : on y a commis les mêmes atrocités que dans les nôtres. Cette barbarie religieuse est le crime de toutes les nations et de tous les siècles, ou, si l'on veut, c'est le crime des prêtres de tous les temps et de tous les lieux; les mêmes causes produisant toujours et partout les mêmes effets. *Les hommes prennent toujours l'ordre du diable quand ils agissent au nom de Dieu*, qui n'est pour eux qu'un *prétexte* ; *et comme le commis, qui vole au nom du roi, est plus insolent que celui qui ne pille qu'au nom d'un simple gouverneur de province, le brigand qui assassine au nom de Dieu, est plus atroce que celui qui n'égorge qu'au nom du roi.* Plus le nom qui sert de prétexte aux passions humaines est révéré, plus elles abusent de cette vénération qui s'y trouve attachée.

du vrai Dieu (1). Cependant la sagesse de ces philosophes des premiers temps fut si étendue et si profonde, qu'ils surent imaginer, prévoir et peindre, sous le voile de l'allégorie, ce qu'ils n'avoient pu encore apprendre par leur propre expérience. Ainsi, lorsque ceux qui, ayant à combattre une secte religieuse, même puérile, frivole, corrompue et devenue infâme (ce qui est figuré dans cette fable sous le personnage de *Vénus*), au lieu de désabuser et de corriger ces sectaires, par la seule force de la raison et de la sagesse, par l'influence d'une vie exemplaire, enfin par le poids des exemples (à imiter) et des autorités, veulent extirper cette secte par la rigueur excessive des châtimens, et l'exterminer par le fer et le feu, ils peuvent sans doute y être puissamment excités par la déesse

---

(1) Il seroit très difficile de me persuader que cette observation n'est point une *ironie*, et que notre auteur étoit aussi dévot que M. Deluc feint de le croire.

Pallas, c'est-à-dire, par un jugement sévère et une vigueur d'esprit qui les mettent en état de démêler ces illusions et de percer le voile de l'imposture; enfin, par une haine éclairée pour les opinions dépravées, et par un zèle louable en lui-même ; ils se font ordinairement une grande réputation par ce moyen, pendant un certain temps, et le vulgaire, à qui rien de modéré ne peut plaire, les regardant comme les seuls vrais défenseurs de la vérité et vengeurs de la religion offensée, tandis que tous les autres lui paroissent trop tièdes et trop timides, les vante à grand bruit, et a pour eux un respect qui tient de l'adoration : cependant cette gloire et cette prospérité dure rarement jusqu'à la fin ; mais tous ces moyens violens finissent toujours par être funestes à ceux qui les ont employés (1); à moins qu'une

---

(1) Ils leur deviennent *funestes*, parce qu'ils les rendent *odieux*, et leur suscitent mille ennemis parmi ceux mêmes qui ne sont que spectateurs.

prompte mort ne les mette à l'abri des vicissitudes de la fortune. Quant à cette partie de la fable qui dit que *Diomède* fut tué par son hôte même, elle est des-

———

Toute religion arrosée du sang de ses défenseurs, n'en pousse que plus vigoureusement ; et tout moyen violent, employé pour déraciner même un préjugé absurde, ne fait que le planter plus profondément. Il a le double inconvénient de donner *trop d'importance à des bagatelles, et de bander les ressorts du fanatisme*, en *l'irritant*. Quelquefois aussi tels *sectaires*, qui n'eussent été que ridicules, si on les eût laissé dire, paroissent et deviennent même des hommes sublimes si, en les punissant trop sévèrement, on leur fournit l'occasion de déployer un certain courage qui a toujours quelque chose d'imposant. Et comme ce fut ainsi que les fanatiques défenseurs de la vraie religion, en brûlant des hérétiques, plantèrent l'hérésie.

Il n'est que trois bons moyens pour extirper un préjugé de cette dernière espèce.

1°. La *raillerie*, le *ridicule*, moyen aussi juste qu'efficace ; car on n'est pas obligé de raisonner avec des hommes déraisonnables, avec des sots, des fous ou des fripons, les trois espèces d'hommes qui vivent de préjugés, et qui défendent par des voies de fait ce dont ils vivent ; ce que vingt

tinée à nous faire entendre, et à nous rappeller cette affligeante vérité ; que les différences d'opinions en matière de religion, et les schismes, provoquent des

siècles de respect ont planté le plus profondément, une heure de ridicule peut l'arracher.

Le second moyen est d'exclure des emplois et des dignités tous les individus dominés par le préjugé à détruire, sur-tout ceux qui sont disposés à s'en servir pour dominer eux-mêmes ; moyen très puissant à la longue : toute hérésie dont les ministres sont mal nourris, meurt bientôt d'inanition, et ne survit que dans le cerveau creux de quelques solitaires affamés ; mais ce moyen n'est nullement de notre goût, car il tient un peu de la persécution ; et tout homme qui combat des prêtres avec une arme sacerdotale, n'est lui-même qu'une sorte de prêtre.

3°. Le troisième et le plus puissant moyen, c'est *le silence*, car le mépris provoqué par le ridicule est encore de trop ; c'est l'indifférence qui est l'arme vraiment meurtrière : les missionnaires d'une secte dont on ne parle plus font peu de prosélytes, et le plus sûr moyen pour tuer une *fausse* religion, c'est de n'en rien dire ; car le silence est un argument sans réplique.

trahisons et des perfidies, même entre les personnes auxquelles les liens les plus sacrés font une loi de s'épargner réciproquement; et lorsqu'il y est dit que ces plaintes et ces regrets, auxquels la mort de *Diomède* donna lieu, étoient regardés comme des crimes, et même punis par des supplices, elle nous rappelle ou nous apprend que les plus grands crimes n'étouffent jamais entièrement dans tous les cœurs le sentiment de la compassion pour ceux qui les ont commis, et qui en subissent le châtiment mérité; que ceux mêmes qui ont ces crimes en horreur, ne laissent pas d'avoir pitié des criminels, et de déplorer leur sort par des motifs d'humanité. En effet, si cette commisération réciproque étoit interdite et réputée criminelle (même dans le cas supposé), ce seroit la plus grande des calamités. Cette fable nous fait aussi entendre que, dans les démêlés au sujet de la religion, où les deux partis se taxent mutuellement d'*impiété*, la compassion pour ceux du parti opposé est suspecte, et souvent punie comme un crime; qu'au contraire, les plaintes et les lamentations des hommes d'une même secte et réunis par une même opinion, représentées ici par celles des compagnons de ce héros, paroissent ordinairement éloquentes et mélodieuses comme celles des cygnes, ou *des oiseaux de Diomède* : c'est cette partie de la fable qui mérite le plus de fixer notre attention ; car elle nous fait entendre, sous le voile de l'allégorie, que les dernières paroles de ces hommes courageux qui se voient près de subir le dernier supplice pour la cause de la religion, semblables au chant *des cygnes mourans*, ont une prodigieuse influence sur les auditeurs; qu'elles font sur eux, dans l'instant même où elles se font entendre, l'impression la plus profonde, et se perpétuent encore dans leur ame par un long souvenir.

XVII. *Dédale,* ou *Le méchanicien.*

Les anciens ont voulu représenter sous le personnage de *Dédale* (homme à la vérité très ingénieux et très inventif, mais dont la mémoire doit être en exécration), la *science*, l'*intelligence* et l'*industrie* des *méchaniciens* (des artistes ou des artisans), mais appliquée à de criminels usages ; en un mot, l'*abus* qu'on en peut faire, et même qu'on n'en fait que trop souvent. Ce *Dédale*, après avoir tué son condisciple et son émule, ayant été obligé de s'expatrier, ne laissa pas de trouver grace devant les rois des autres contrées, et d'être traité honorablement dans les villes qui lui donnèrent un asyle (1). Il inventa et exécuta une

---

(1) Cet accueil honorable qu'on fit à *Dédale* dans les pays étrangers, paroît *injuste*, à la première vue; et la législation de tous les peuples, cent fois plus occupée à punir les délits, qu'à récompenser les services, l'a décidé ainsi : cependant il n'est que *juste*, et il l'auroit été dans la patrie même de ce méchanicien. Aucun individu ne doit être entièrement soustrait à la rigueur de la loi, mais l'essence de la loi est sa tendance à l'utilité générale; or, l'intérêt commun est que l'homme qui, après avoir été utile à une nation en-

infinité d'ouvrages mémorables, soit en l'honneur des dieux, soit pour la décoration des villes et des lieux publics; mais cette grande réputation qu'il avoit acquise, il la devoit beaucoup moins à ces ouvrages estimables, qu'au criminel emploi qu'il avoit fait de ses talens; car ce fut sa détestable industrie qui mit *Pasiphaé* à portée d'avoir un commerce charnel avec un taureau; et ce fut à son pernicieux génie que le *Minotaure,* qui dévora tant d'enfans de condition libre, dut son infâme et funeste origine. Puis

---

tière, a été nuisible à quelques individus, par un crime, ou par une simple faute, soit puni moins rigoureusement que celui qui a été tantôt utile, tantôt nuisible à un petit nombre d'individus : en un mot, il est juste que celui *qui a fait plus de bien que de mal, soit plus récompensé que puni,* sur-tout s'il peut encore rendre de semblables services à la même nation; car alors cette nation, en épargnant à demi le coupable dont elle a besoin, se fait grace à elle-même. Aussi, quoique les loix soient contraires à cette règle, l'usage, qui est souvent plus sage qu'elles, y est-il plus conforme.

ce méchanicien, ne réparant un mal que par un mal plus grand, et entassant crime sur crime, imagina et exécuta le fameux *labyrinthe*, pour la sûreté de ce monstre. Dans la suite, *Dédale* n'ayant pas voulu devoir uniquement sa réputation à des inventions et à des ouvrages nuisibles (en un mot, ayant voulu fournir lui-même des remèdes au mal qu'il avoit fait, comme il avoit précédemment fourni des instrumens au crime), ce fut encore à lui qu'on dut l'ingénieuse idée de ce fil à l'aide duquel on pouvoit suivre tous les détours du labyrinthe, et le parcourir en entier, sans s'y perdre. La justice de *Minos* (1) s'attacha long-temps à poursuivre ce *Dédale*, avec autant de diligence que de sévérité; mais toutes ses perquisitions furent inutiles, le méchanicien trouva toujours des asyles, et échap-

---

(1) Comment les Crétois purent-ils se résoudre à se laisser gouverner par un homme qui ne sut pas gouverner son épouse, et auquel cette épouse préféra *une bête?*

pa à toutes les poursuites de ce juge inexorable. Enfin, lorsque *Dédale* voulut apprendre à son fils l'art de traverser les airs en volant, celui-ci, quoique novice dans cet art, ayant voulu faire parade de son habileté, s'éleva trop haut, et fut précipité dans la mer.

Voici quel paroît être le sens de cette parabole; elle commence par une observation très judicieuse sur cette honteuse passion qu'on voit si souvent régner entre les artistes distingués par leurs talens, et qui les domine à un point étonnant; car il n'est point de jalousie plus âpre et plus meurtrière que celle des hommes de cette classe : observation suivie d'une autre destinée à montrer combien cette punition de l'*exil*, infligée à *Dédale*, étoit peu judicieuse et mal choisie. En effet, les *artistes* (les artisans et les gens de lettres) distingués sont accueillis honorablement chez presque toutes les nations, en sorte que l'exil est rarement pour eux un véritable *châtiment;* car les hommes des autres professions ou conditions ne tirent pas aussi aisément parti de leurs talens hors de leur patrie ; au lieu que l'admiration qu'excitent les hommes de talens et leur renommée se propage et s'accroît plus aisément en pays étrangers, la plupart des hommes étant naturellement portés à donner la préférence aux étrangers sur leurs concitoyens, relativement aux ouvrages et aux productions de ce genre (1).

Ce que cette fable dit ensuite des avantages et des inconvéniens des *arts méchaniques* est incontestable. En effet, la

---

(1) Nul n'est prophète en son pays, parce que son pays est *le chef-lieu et le quartier-général de ses envieux et de ses ennemis*. Ainsi, pour conserver ou augmenter sa réputation, il faut s'absenter de son pays, ou par des voyages, ou par une profonde solitude, à l'exemple de *Démocrite*, de *Pythagore*, de *Mahomet*, de *J. J. Rousseau*, de *Voltaire*, etc. Le *nom de l'émule absent est la pierre que les émules présens se jettent les uns aux autres;* ils le vantent, pour se déprimer réciproquement; à peu près comme les gens d'esprit, dans la classe des hommes d'État, aveuglés par leur jalousie réciproque, en s'abaissant les uns les autres, élèvent les sots.

vie humaine leur doit presque tout; elle leur doit tout ce qui peut contribuer à rendre la religion plus auguste, à donner au gouvernement plus de majesté, et à nous procurer le nécessaire, l'utile ou l'agréable; car c'est de leurs trésors que nous tirons tout ou presque tout, pour satisfaire nos vrais et nos faux besoins. Cependant c'est de la même source que dérivent les *instrumens de vice* et même *les instrumens de mort;* car, sans parler de l'art des courtisanes et de tous ces arts corrupteurs qui leur fournissent des armes, nous voyons assez combien les poisons subtils, les machines de guerre et autres fléaux de cette espèce (dont nous avons obligation au génie inventif des méchaniciens, et autres physiciens), l'emportent, par leurs effets meurtriers, sur l'affreux *Minotaure.*

Le *labyrinthe* est un emblême très ingénieux de la nature de la méchanique (1) prise en général. En effet, les inven-

---

(1) Il faut comprendre sous le nom de *mécha-*

tions et les constructions les plus ingénieuses de cette espèce peuvent être regardées comme autant de *labyrinthes*, vu la délicatesse, la multitude, le grand nombre, la complication et l'apparente ressemblance de leurs parties, dont le jugement le plus subtil et l'œil le plus attentif ont peine à saisir les différences; assemblages où, sans le fil de l'expérience, on court risque de se perdre. Ce n'est pas avec moins de justesse et de convenance qu'on ajoute dans cette fable que ce fut le même homme qui imagina tous les détours du labyrinthe, et qui donna l'idée de ce fil à l'aide duquel on pouvoit le parcourir, sans s'y perdre (1); car

---

nique, non-seulement la science connue sous ce nom, mais même toutes les parties de la physique-pratique.

(1) Ce sont les mêmes hommes qui embrouillent et qui débrouillent les affaires, qui font les grands biens et les grands maux, comme l'observoit Caton d'Utique, au sujet de *Pompée* qu'il fit créer seul consul, pour l'opposer à César : car il faut du génie pour tout perdre comme pour tout

les *arts méchaniques* ayant leurs inconvéniens, ainsi que leurs avantages, sont comme autant d'*épées à deux tranchans* qui servent, tantôt à faire le mal, tantôt à y remédier; et *le mal qu'ils font quelquefois balance tellement le bien qu'ils peuvent faire, que leur utilité semble se réduire à rien* (1). Les productions nuisibles des arts, et ces arts eux-mê-

---

sauver; avec cette différence toutefois que le mal est cent fois plus facile à faire que le bien; parce que le bien est le résultat de la réunion d'un grand nombre de conditions requises pour le faire exister; au lieu que le défaut d'une seule de ces conditions suffit pour que le mal existe.

(1) L'*eau noie* et le *feu brûle*; mais l'*eau arrose* et le *feu vivifie*. Il en faut dire autant des autres élémens, des femmes, des talens, des vertus et de tous nos moyens, ou nos biens naturels, ou acquis. Nos plus grands biens et nos plus grands maux nous viennent des mêmes sources; les choses dont nous avons le plus grand besoin étant ordinairement celles dont nous abusons le plus, parce que nous en usons plus souvent. Quand les mœurs sont corrompues, la multiplication des découvertes n'est qu'une multiplication de maux; car alors

mes, lorsqu'ils sont pernicieux de leur nature, sont exposés aux poursuites de *Minos*, c'est-à-dire, à l'*animadversion des loix* qui les condamnent, les punissent, et les interdisent au peuple. Cependant, en dépit de toute la vigilance du gouvernement, ils trouvent toujours moyen de se cacher et de se fixer dans les lieux mêmes d'où l'on veut les bannir; ils trouvent par-tout une retraite et

---

la science n'est plus qu'une lanterne sourde qui éclaire des vices; l'abus fait plus de mal que le légitime usage ne fait de bien; tous les inventeurs sont autant de Dédales, et les femmes autant de Pasiphaé, qui préfèrent un sot éblouissant à un amant ou à un époux judicieux; alors, dis-je, les hommes de talens *brillent,* au lieu de *luire,* et brûlent ceux qu'ils devroient éclairer. Ainsi, à l'art d'inventer et d'exécuter les choses utiles, il en faut joindre deux autres, celui de les employer à propos et celui d'en bien limiter l'usage; car tout étant relatif, le génie est utile ou nuisible, selon qu'il éclaire des vertus ou des vices; et quoi qu'en puissent dire les Dédales de nos jours, la première de toutes les sciences, c'est celle qui apprend à faire un bon usage de toutes.

un asyle. C'est ce que *Tacite* lui-même observe très judicieusement sur un sujet très analogue à celui-ci ; je veux dire sur les *mathématiciens* et les *tireurs d'horoscopes ; classe d'hommes*, dit-il, *qu'on voudra sans cesse chasser de notre ville, et qui y restera toujours.* Cependant, à la longue, les arts pernicieux ou frivoles, de toute espèce, qui font toujours de magnifiques promesses, ne tenant presque jamais parole, se décréditent tôt ou tard, en conséquence de leur étalage même; et, s'il faut dire la vérité toute entière sur ce sujet, le frein des loix seroit toujours insuffisant pour les réprimer, si la vanité même de ces charlatans ne désabusoit tôt ou tard le vulgaire auquel ils ont d'abord fait illusion.

XVIII. *Erichton,* ou *l'imposture.*

Les poëtes feignent que *Vulcain,* étant amoureux de *Minerve,* tenta d'abord de la séduire, mais qu'ensuite, emporté par la force de sa passion, il voulut lui faire violence; et que, dans cette lutte même, il répandit sa semence sur la terre ; ce qui donna naissance à *Erichton*, enfant d'une forme extraordinaire; ses parties supérieures étoient d'une grande beauté, mais ses cuisses ou ses jambes, extrêmement menues, avoient la forme d'une anguille ou d'un serpent. Honteux de cette difformité, et, voulant en dérober la connoissance à tout le monde, il introduisit l'usage des chars ; moyen qui, en effet, laissoit voir ce qu'il avoit de plus beau, en cachant ce qu'il avoit de difforme.

Voici le sens de cette fable étrange et aussi monstrueuse que son sujet. Lorsque l'*art*, qui est ici représenté par le personnage de *Vulcain* (à cause de ce nombre infini d'opérations utiles qu'on ne peut faire que par le moyen du feu), fait, pour ainsi dire, violence à la nature (figurée dans cette fable par *Minerve*, à cause de l'intelligence qu'exigent ces opérations), rarement, dis-je, les efforts qu'il fait pour la vaincre et la dompter, sont couronnés par le succès, et il n'atteint presque jamais à son but principal. Mais, à force d'essais et de tentatives (qu'on peut regarder comme une sorte de *lutte*), il parvient enfin à opérer quelques générations imparfaites et à former quelques nouveaux composés, incohérens, agréables à la vue, mais qui ne remplissent qu'en partie l'objet principal, et qui, à cet égard, semblent *clocher*. Cependant les imposteurs et les charlatans, en ce genre, font un grand étalage de ces produits imparfaits de leur industrie, dérobant aux spectateurs, à l'aide de certains prestiges, la connoissance de ce qui peut y manquer, et les montrent en tous lieux, d'un air triomphant, *montés, pour ainsi dire, sur le char de leur vanité*. C'est ce qu'on observe sur-tout par rapport aux résultats des opérations chymiques, et à certains genres de machines ou d'instrumens de nouvelle construction, ou de structure délicate; ce qui doit paroître d'autant moins étonnant, que la plupart des hommes, beaucoup plus occupés de pousser leur entreprise, ou d'arriver à leur but, que d'eviter les écarts et de corriger leurs erreurs, aiment mieux lutter avec la nature et lui faire violence, que mériter ses faveurs par une sage déférence et par une méthodique assiduité.

XIX. *Deucalion, ou la restauration.*

Les poëtes racontent que les anciens habitans de la terre ayant tous été submergés et détruits par le déluge universel, *Deucalion et Pyrrha,* qui étoient restés seuls, animés du desir de réparer la perte immense du genre humain, desir louable en lui-même, et qui les a rendus justement célèbres, l'oracle, qu'ils consultèrent à ce sujet, leur répondit, qu'ils ne pourroient parvenir à ce but, qu'*en prenant les os de leur mère et en les jetant derrière eux:* l'effet de cette étrange réponse fut d'abord de les affliger et de les jeter dans le découragement. Mais ensuite, en y réfléchissant plus mûrement, ils comprirent enfin que ces *os* dont parloit l'oracle, n'étoient autres que *les pierres*, qui sont, en quelque manière, *les os de la terre, mère commune des mortels.*

Cette fable dévoile un des plus profonds secrets de la nature, et est destinée à relever une des erreurs les plus communes parmi les hommes; leurs idées étroites et superficielles sur la nature, font qu'ils se flattent de pouvoir restaurer entièrement et renouveller des composés, à l'aide de leurs parties putréfiées et de leurs débris; à peu près comme le *phénix renaît de ses cendres :* espoir d'autant plus trompeur, que les matières de cette espèce ayant déja *achevé toute leur période,* et, pour ainsi dire, *fait leur temps,* ne sont plus propres pour opérer des *recompositions.* Ainsi il faut, au contraire, revenir sur ses pas, et employer *des principes (élémens) plus communs* (1).

---

(1) Les simples *rudimens* des composés, des matières qui n'aient pas encore acquis des qualités aussi spécifiques que le sont celles des substances qui ont fait partie des composés déja dissous.

XX. *Némésis, ou les vicissitudes (naturelles) des choses.*

Némésis, suivant les poëtes, étoit une déesse qui méritoit les hommages de tous les mortels, et que devoient sur-tout redouter les puissances et les heureux de ce monde. Elle étoit *fille de l'océan et de la nuit ;* les poëtes en font cette description : elle avoit des ailes et portoit aussi une couronne : tenant, de la main droite, une lance de frêne, et de la gauche, une fiole, toute remplie d'*Éthiopiens :* enfin, elle avoit pour monture un *cerf.*

On peut expliquer ainsi cette parabole : d'abord ce nom de *Némésis* signifie *vengeance,* ou *rétribution (compensation).* La fonction de cette déesse étoit d'arrêter le cours des prospérités des gens trop heureux, et d'y mettre une sorte d'*opposition, semblable à celle des tribuns du peuple,* en interposant son *veto* (1).

---

(1) *Intercedo,* ou *veto,* crioit un tribun du

Et non-seulement elle réprime et châtie l'orgueil et la présomption de ceux que des continuels succès rendent insolens, mais même elle balance, par des disgraces, les prospérités des hommes les plus justes et les plus modestes; comme si aucun mortel ne devoit être *admis au banquet des dieux que pour y servir de jouet.*

---

peuple à Rome; et, à l'aide de ce mot, il annulloit l'arrêté des neuf autres. De même, en Angleterre, après que le parti de l'*opposition*, dans la chambre basse, a combattu le sentiment des partisans du trône, et forcé ainsi l'assemblée à discuter le bill proposé, la chambre haute peut annuller le bill de la chambre des communes, en y opposant *sa voix négative* (qui ne se forme non plus qu'après une semblable *discussion*); et le roi peut aussi annuller le bill parlementaire, en y opposant la sienne. Ainsi un *bill* n'a *force de loi* qu'après avoir été exposé au moins à *trois propositions*, et soumis à *trois discussions*; ce qui rend *les usurpations réciproques des deux chambres et du prince plus difficiles*, en rendant les invasions des étrangers plus faciles; comme le prouve toute l'histoire de l'*Angleterre*, conquise autant de fois qu'attaquée.

Pour moi, lorsque j'ai lu dans *Pline* ce petit chapitre où il fait l'énumération des disgraces et des infortunes de *César-Auguste* que j'avois d'abord regardé comme le mortel le plus fortuné qui eût existé, qui sut même jouir de sa fortune avec beaucoup de prudence et de méthode, et dans le caractère duquel on ne voyoit ni enflure, ni timidité, ni foiblesse, ni confusion, ni mélancolie : quand je voyois, dis-je, dans ce récit, qu'il fut même un jour tenté de se donner la mort, alors je conçus la grandeur et la puissance de cette déesse, qui avoit pu traîner à son autel une telle victime. Lorsque les poëtes disent qu'elle est *fille de l'océan,* c'est pour nous faire entendre que les vicissitudes des choses, et les jugemens divins, sont ensevelis dans l'obscurité la plus profonde, et un mystère pour tous les mortels (1).

---

(1) *La Lande* peut prédire avec assez de justesse les éclipses qui auront lieu dans mille ans ; mais il ne pourroit prédire la situation où il sera lui-même, que dis-je ? la *pensée* même qu'il aura

C'est avec raison que cette *vicissitude* est représentée ici par *l'océan*, dont le *flux et le reflux* en sont la fidèle image. Or, cette *providence*, dont les dispositions se dérobent à nos yeux, est très judicieusement figurée par *la nuit*. Les païens avoient aussi quelque idée de cette nocturne (mystérieuse) *Némésis*, et avoient observé, comme nous, que les jugemens humains sont rarement d'accord avec les jugemens divins (1).

---

dans une heure : il connoît et trace, pour ainsi dire, la route que doivent parcourir ces globes innombrables roulant dans les déserts immenses de l'espace ; *l'astre qu'il connoît le moins, c'est celui qui vit dans son sein.* Tout mortel, puissant ou foible, savant ou ignorant, est sans cesse sur le bord d'un abîme et dans une situation semblable à celle du navigateur ; il n'y a entre lui et la mort qu'une planche déjà pourrie, ou qui pourrit d'heure en heure : tout veut vivre éternellement et tout passe comme un songe : hommes, planètes, soleils, tout périt, et l'univers même est mortel.

(1) Voyez dans la vie de *Paul-Emile* par le bon *Plutarque*, le discours que ce généreux et sage Romain prononça devant l'assemblée du peuple,

(Virgile). *Nous vîmes tomber aussi Riphée, le plus juste des Troyens et le plus religieux observateur des loix de l'équité : mais les dieux en jugèrent autrement.*

Némésis est représentée avec des *ailes*, à cause de ces changemens subits et imprévus qu'on observe dans les choses humaines : car nous voyons que, dans tous les temps, les personnages les plus distingués par leurs lumières et leur prudence, ont péri par les dangers mêmes

―――――――――――

après la conquête de la *Macédoine*; il se termine à peu près ainsi : *Mon heureux passage en Macédoine me donna de premières craintes ; cent cinquante villes prises, et un puissant royaume conquis en quinze jours, augmentèrent mes terreurs ; après ce retour si prompt et si facile en Italie, elles furent au comble; enfin la foudre est tombée : durant mon triomphe, la mort m'a enlevé mes deux fils; me voilà seul dans ma maison : mais quelques disgraces nous étoient dues pour tant de prospérités, bénissons la providence des Dieux immortels, elle n'a frappé que moi, en épargnant la république.*

qu'ils méprisoient le plus. *Cicéron*, par exemple, lorsque *Décimus-Brutus* l'avertit de se défier de la mauvaise foi *d'Octave*, et de son cœur ulcéré, ne lui fit d'autre réponse que celle-ci : Quant à *moi, mon cher Brutus, j'ai pour vous toute l'affection que vous méritez, et je vous sais gré d'avoir bien voulu que je fusse instruit de ces bagatelles que vous m'apprenez.*

Cette couronne que porte *Némésis*, désigne l'effet ordinaire de la nature maligne et envieuse du vulgaire; car, à la chûte des personnages qui ont été long-temps fortunés et puissans à ses yeux, il triomphe et *couronne Némésis* (1). Cette *lance* qu'elle tient de la main droite, se rapporte à ceux *qu'elle frappe et perce tout-à-coup*. Quant à ceux qu'elle n'im-

---

(1) Il lui semble que tous ceux qui se font un grand nom par leur génie ou leur courage, ne se distinguent qu'à ses dépens, et en le pensant, il ne se trompe qu'à demi : le peuple n'admire que ce qu'il craint; et, pour conquérir son admiration, on se voit obligé de le conquérir lui-même.

mole pas ainsi par une soudaine catastrophe, elle ne laisse pas de les avertir de se tenir sur leurs gardes, en leur montrant ce noir et sinistre attribut qui est dans son autre main (1). Car, pour peu que les personnages élevés au plus haut point de prospérité soient encore capables de quelque réflexion, elle leur présente sans cesse la sombre perspective de *la mort, des maladies, des disgraces, des perfidies de leurs amis, des embûches de leurs ennemis, de l'instabilité naturelle des choses, et mille autres objets affligeans,* représentés par ces *Éthiopiens* renfermés dans sa fiole. *Virgile* ajoute à sa description de la bataille d'*Actium,* cette judicieuse réflexion. Au son

---

(1) Ce double attribut me paroît signifier que les uns succombent par un seul coup qui les perce, pour ainsi dire, d'outre en outre, et les autres par une suite de disgraces dont chacune est peu sensible, mais dont la somme équivaut à une grande, qu'elle réserve à tous les mortels; ou *un petit nombre de grands malheurs, ou un grand nombre de petits.*

du sistre *Egyptien*, elle (*Cléopatre*) *appelle ses guerriers au centre de l'armée : elle ne regarde pas encore derrière elle*, et ne voit pas ces deux serpens qui *la menacent* (1).

Mais, peu de temps après, de quelque côté qu'elle se tournât, elle voyoit devant elle *des légions entières d'Ethiopiens*. Une addition non moins ingénieuse du poëte, inventeur de cette fable, c'est que *Némésis* a pour monture un *cerf*, animal *très vivace*. En effet, ceux qui sont enlevés à la fleur de leur âge, peuvent prévenir, par cette mort prématurée, les coups de *Némésis*, et lui échapper. Mais ceux dont la puissance et les prospérités ont été de très longue durée, sont, sans contredit, continuellement exposés à ses coups, et, pour ainsi dire, *sous elle.*

---

(1) *Geminos angues;* ce qui peut signifier aussi que sa ruine, ou sa mort, eut lieu sous le *signe des gemeaux.*

XXI. *Achéloüs, ou le combat.*

Suivant une fable très ancienne, *Hercule* et *Achéloüs* se disputant la main de *Déjanire*, la querelle se termina par un combat. Ce dernier, après avoir pris successivement différentes formes, pour résister plus aisément à *Hercule* (car il avoit la faculté de se transformer ainsi à volonté), se présenta enfin à son adversaire sous celle d'un *taureau*, dont les mugissemens et les yeux éteincelans inspiroient la terreur, et se prépara au combat sous cette forme : mais *Hercule*, gardant sa forme ordinaire, fondit aussitôt sur lui : ils se combattirent corps à corps ; enfin, *Hercule* eut l'avantage sur le taureau, et lui rompit une corne. Son adversaire éprouvant des douleurs insupportables, et trop épouvanté pour être tenté de recommencer le combat, racheta sa corne, en donnant en échange à *Hercule* la corne d'*Amalthée*, ou d'abondance.

Cette fable a pour objet les expéditions

militaires : les préparatifs de guerre sont fort variés dans le parti qui est sur la défensive, et qui est ici représenté par *Achéloüs,* employant pour sa défente un grand nombre de moyens différens et de précautions; il se présente, pour ainsi dire, sous plusieurs formes différentes: mais les préparatifs de celui qui fait l'invasion sont fort simples, et il ne se montre que *sous une seule forme ;* il se présente seulement avec son armée, ou quelquefois peut-être avec sa flotte; voilà tout : au lieu que celui qui attend l'ennemi sur son propre territoire, prépare et se ménage une infinité de défenses et de ressources. Il fortifie certaines places, en fait démanteler d'autres ; il fait retirer et met en sûreté dans les villes fortifiées et dans les châteaux forts d'assiette, les habitans des campagnes, des bourgs et des petites villes ; rompt les ponts, et même les démolit tout-à-fait; rassemble toutes ses troupes avec les munitions nécessaires, et les poste en différens lieux ; par exemple, sur les bords des rivières, sur les ports, dans les gorges des montagnes, dans les bois, etc. et fait beaucoup d'autres dispositions de cette nature ; en sorte que le pays prend chaque jour une face nouvelle, et *change*, pour ainsi dire, *de forme* à chaque instant, comme *Achéloüs*. Enfin, lorsqu'il est suffisamment muni, préparé et fortifié, il offre, en quelque manière, *l'image d'un taureau terrible et menaçant*. Celui qui fait l'invasion cherche l'occasion de livrer bataille, et s'attache principalement à ce but, craignant de manquer de vivres en pays ennemi : si cette occasion se présentant, il sait en profiter, et remporte la victoire; alors son avantage consiste manifestement en ce que l'ennemi, découragé par sa défaite, ayant perdu sa réputation ; enfin, n'espérant plus pouvoir réparer complètement ses pertes, ni rassembler assez de forces pour lui opposer une nouvelle armée et tenir la campagne, se retire dans les lieux fortifiés et inaccessibles, lui abandonnant ainsi toutes les villes ouvertes et le plat pays, que l'ennemi ravage et pille, sans trouver d'opposition : ce qui est pour lui comme la corne *d'Amalthée, ou d'abondance*.

XXII. *Atalante, ou l'amour du gain.*

Atalante étant déja devenue très célèbre par sa légèreté à la course, *Hippomène* vint lui disputer cette gloire : les conditions du combat étoient qu'*Hippomène* épouseroit *Atalante*, s'il étoit vainqueur, et seroit mis à mort s'il étoit vaincu. La victoire paroissant assurée à *Atalante*, qui avoit remporté le prix sur tous ceux qui le lui avoient disputé, et qui s'étoit fait un grand nom par la défaite et la mort de tous ses rivaux, *Hippomène* prit le parti de recourir à la ruse ; s'étant procuré trois pommes d'or, il les apporta avec lui. Sitôt que la course fut commencée, *Atalante* eut bientôt devancé *Hippomène*, qui, se voyant ainsi resté derrière, jugea qu'il étoit temps d'employer son stratagême : il jeta donc la première pomme, mais sur le côté de la lice, soit afin qu'*Atalante* pût la voir, soit afin de l'engager à se détourner de la droite ligne, pour la ramasser et de lui faire perdre du temps. *Atalante* (qui avoit le foible de son sexe) (1), se laissant éblouir par l'éclat de cette pomme, quitta le stade, courut après la pomme, et se baissa pour la ramasser. *Hippomène*, profitant du temps qu'elle perdoit, franchit un assez grand espace et la laissa derrière. Cependant *Atalante*, qui avoit naturellement l'avantage sur lui, eut bientôt regagné le temps perdu et le devança de nouveau. Mais *Hippomène* ayant jeté successivement les deux autres pommes, la retarda tellement, par ce moyen, qu'il remporta le prix qu'il dut à la ruse et non à son agilité.

Cette fable figure allégoriquement, et d'une manière sensible, les *combats que*

---

(1) *Salomon* et *Pilpay* prétendent qu'il n'est point de femme, quelque légère qu'elle puisse être à la course, qu'on ne puisse attraper aisément avec de pareilles pommes.

l'art livre à la nature. En effet, l'art, (qui est ici représenté par *Atalante*), a cela de propre, du moins lorsqu'il ne rencontre aucun obstacle qui retarde sa marche, que ses opérations sont plus promptes que celles de la nature (1). Il est, en quelque manière, *plus léger à la course*, et arrive plutôt au but. C'est une vérité dont une infinité d'opérations connues fournissent des preuves sensibles : par exemple, on obtient plus promptement des fruits, à l'aide de la greffe, que par le moyen d'un noyau. On sait aussi que les briques cuites se durcissent beaucoup plus vîte que le limon dont se forment les pierres. Il en est de même en *morale*; le temps nous console, et à la longue, les chagrins les plus cuisans s'évanouissent par le bienfait de la seule

---

(1) Avantage qu'il obtient en employant de puissans moyens, lorsqu'elle n'en emploie que de foibles, ou plusieurs moyens, lorsqu'elle n'en emploie qu'un, ou en donnant plus d'intensité à ceux qu'elle emploie elle-même.

nature. La philosophie, qui est, pour ainsi dire, *l'art de vivre,* nous épargne ce long délai, et dissipe presque sur-le-champ ces douleurs que la nature ne détruit qu'en les *usant,* pour ainsi dire, *à force de temps.* Mais cette marche si prompte, qui peut donner à l'art tant d'avantage sur la nature, trop souvent des pommes d'or la retardent, au grand préjudice des intérêts de l'humanité. Car jusqu'ici on n'a vu ni science, ni art qui ait poursuivi constamment sa course, et en allant toujours droit au but (qui est comme la borne plantée au bout de la lice). Mais les arts quittant continuellement le stade, et se jetant à droite ou à gauche, pour courir au gain et à de frivoles avantages, comme *Atalante,*

Qui, s'écartant de la lice, court après cet or qu'elle voit rouler à côté d'elle, et se baisse pour le ramasser;

Qu'on cesse donc de s'étonner, en voyant que l'art n'a pu jusqu'ici vaincre la nature, et, suivant les conditions du combat, la *tuer,* en quelque manière, et la détruire ; mais qu'au contraire l'art tombe au pouvoir de la nature, et est forcé de lui obéir, *comme une femme mariée l'est d'obéir à son époux* (1).

XXIII. *Prométhée*, ou *du véritable état de l'homme (de la condition humaine)*.

Suivant une antique tradition, l'homme fut l'ouvrage de *Prométhée*, et fut *formé du limon de la terre ;* cependant *Prométhée* joignit à la masse quelques

---

(1) L'art ne peut *tuer la nature dont il vit lui-même ;* mais il peut quelquefois *la surpasser en l'imitant.* Au reste, cette fable est encore susceptible des deux et même des trois explications suivantes. Une femme d'une rare beauté a un grand nombre d'amans distingués par leurs talens et leurs vertus ; elle les rebute tous : enfin paroît un prétendant opulent et magnifique qui l'éblouit par son faste et ses libéralités ; elle préfère l'*amant riche* à tous ceux *qui ne lui ont fait présent que de leur mérite ;* et tous les autres meurent de chagrin, ou se tuent de désespoir. Des *chymistes* cherchent *l'élixir de vie et la grande panacée.* Dans cette

particules tirées de différentes espèces d'animaux : puis, amoureux de son œuvre, jaloux de ne devoir qu'à lui-même tout ce qu'il pourroit y ajouter, et, voulant être, non-seulement l'*auteur* du genre humain, mais même *son bienfaiteur,* en lui procurant les plus grandes ressources, il monta furtivement dans les cieux, portant avec lui un faisceau de tiges de cette plante connue sous le nom de *férule ;* et ce faisceau mis en contact avec le char du soleil, ayant pris feu,

---

vue, ils s'attachent à l'*or*, et le soumettent à une infinité d'opérations; mais durant le cours de leurs recherches, éblouis par l'éclat de ce métal, ils s'efforcent de le multiplier pour s'enrichir ; et perdant de vue ce *principe de vie* qu'ils y cherchoient, ils manquent l'immortalité réelle : ou enfin des gens de lettres, ou des guerriers, voulant tout à la fois *s'enrichir* et *s'immortaliser,* et se partageant trop entre les occupations nécessaires pour faire fortune, et les études ou les exercices indispensables pour perfectionner leurs talens, manquent ainsi cette immortalité que donne la gloire, et s'en consolent en ramassant quelques écus.

il apporta ce feu sur la terre, et en fit présent aux hommes, en leur apprenant la manière d'en faire usage. Mais les hommes, après avoir reçu de lui un si grand bienfait, ne le payant que d'ingratitude, formèrent une conspiration contre lui, et l'accusèrent de ce larcin au tribunal de *Jupiter*. Cette accusation, toute odieuse qu'elle étoit, ne laissa pas d'être agréable à *Jupiter* et aux autres dieux. Ainsi, satisfaits de la conduite des mortels, en cette occasion, non-seulement ils leur permirent de faire usage du feu, mais ils leur accordèrent un don cent fois plus durable et plus précieux, celui d'*une éternelle jeunesse*. Les hommes, charmés de ce présent, et se livrant à une joie immodérée, mirent imprudemment sur un âne le présent des dieux (1). Durant le temps de leur re-

---

(1) Comment s'y prend-on pour *mettre une éternelle jeunesse sur un âne?* Il veut dire sans doute qu'ils mirent sur l'âne la drogue, ou la substance dont cette jeunesse éternelle devoit être l'effet.

tour, leur âne, poussé par une soif ardente, s'étant approché d'une fontaine gardée par un serpent, celui-ci ne voulut lui permettre de s'y désaltérer qu'à condition qu'il lui donneroit ce qu'il portoit sur son dos, quoi que ce pût être : le pauvre âne, pressé par la soif, fut obligé d'accepter cette dure condition ; et ce fut ainsi que la faculté de rajeunir et le don d'une éternelle jeunesse passa de l'espèce humaine à celle des serpens; elle fut le prix *de quelques gouttes d'eau*. Lorsque *Prométhée*, qui se réconcilia depuis avec les hommes, vit que le prix de leur accusation leur avoit ainsi échappé, fidèle à son caractère malicieux, et voulant se venger de *Jupiter*, contre lequel son cœur étoit encore ulcéré, il ne craignit point d'employer la ruse, dans un sacrifice qu'il lui offrit. Il immola donc à ce dieu deux taureaux; mais ces deux victimes étoient de nature bien différente ; car il avoit mis dans la peau de l'un toute la chair et la graisse des deux, ne laissant à l'autre que les os et la peau rembourrée de paille et d'autres matières molles, pour la tenir tendue; puis, affectant des sentimens religieux et le desir de se rendre agréable à *Jupiter*, il le supplia de choisir celui des deux taureaux qui lui plairoit le plus. Le dieu, indigné de son impudence et de sa mauvaise foi, mais charmé de trouver une occasion et un prétexte pour se venger, choisit à dessein celui qui n'avoit que la *peau et les os*. Puis il s'occupa de sa vengeance; et, persuadé que le plus sûr moyen pour réprimer l'insolence de *Prométhée*, étoit de faire quelque funeste présent au genre humain (la formation de l'homme étant l'œuvre dont cet impie se glorifioit le plus), ordonna à *Vulcain* de former une *femme* parfaitement belle, à laquelle tous les dieux firent aussi chacun un don (et qui, en conséquence, fut appellée *Pandore*). De plus, ils lui mirent entre les mains un très beau vase où étoient renfermés *tous les maux de l'ame et du corps;* mais l'*espérance* étoit au fond. Cette femme, s'étant d'abord rendue auprès de *Prométhée*, tâcha de l'engager à recevoir ce vase, et à l'ouvrir; mais *Prométhée* étoit trop prudent pour accepter une telle offre : piquée de ce refus, elle alla trouver *Épiméthée*, frère de *Prométhée*, mais d'un caractère bien différent. Celui-ci, qui étoit plus téméraire, ne balança point à ouvrir le vase ; puis, voyant que tous les maux en sortoient et se répandoient rapidement sur la terre, il sentit trop tard sa faute, et tâcha aussi-tôt de la réparer, en remettant le couvercle sur le vase ; mais tous les maux en étoient déja sortis, et il ne put y retenir que l'*espérance* qui resta au fond. *Jupiter,* alors considérant tous les crimes dont *Prométhée* s'étoit rendu coupable (crimes d'autant plus graves, qu'après avoir dérobé *le feu du ciel*, et insulté à la majesté du maître des dieux par un sacrifice trompeur, il y avoit mis le comble en voulant *violer Pallas*), il le fit garotter, et le condamna à un éternel supplice, dont telle étoit la nature : transporté sur le mont

Caucase, il y fut attaché à une colonne, de manière qu'il ne pouvoit faire aucun mouvement. Dans cette situation, un *aigle* lui rongeoit continuellement le foie durant le jour; mais, durant la nuit, toute la partie de ce foie, qui avoit été dévorée, se reproduisoit d'elle même, afin que la matière et la cause de ses douleurs se renouvellant sans cesse, son supplice fût éternel. Cependant ces douleurs eurent une fin; car *Hercule*, ayant traversé l'océan dans un *vase de terre* que *le soleil* lui avoit donné, arriva au *Caucase*, et délivra *Prométhée*, après avoir tué l'aigle qu'il perça de ses flèches. Dans la suite, on institua, en l'honneur de *Prométhée*, des jeux, où ceux qui disputoient la victoire, devoient courir un flambeau à la main; ceux dont le flambeau s'éteignoit avant qu'ils eussent parcouru toute la carrière, perdoient le prix, et il étoit adjugé à celui qui étoit le premier arrivé au but, sans que le sien se fût éteint.

Cette fable renferme, sous le voile

d'une ingénieuse allégorie, un assez grand nombre de vérités, dont quelques-unes sont sensibles, et les autres plus difficiles à appercevoir. Aussi les premières ayant été d'abord apperçues, les dernières ont-elles échappé à la pénétration de tous ceux qui ont tenté jusqu'ici d'expliquer cette fiction; car les anciens, promenant leurs regards dans l'immensité des choses, pensoient que la *formation et la constitution de l'homme* étoit l'œuvre la plus propre à la divinité, la plus digne d'elle, et c'est la seule qu'ils aient attribuée à la *divine providence;* opinion qui a pour base deux vérités incontestables. En premier lieu, la nature humaine (l'homme) est, en partie, composée d'un *esprit* et d'un *entendement* qui est le siège propre de la *providence* (de la prévoyance); il seroit absurde de supposer, et impossible de se persuader que des *élémens bruts* aient pu être le *principe* d'une *raison* et d'une *intelligence;* d'où l'on est forcé de conclure que la *providence de l'ame humaine* a pour *modèle*, pour *principe* et *pour fin* une *providence suprême*. En second lieu, l'*homme* est comme le *centre du monde*, du moins quant aux *causes finales*; car, si l'homme pouvoit être ôté de l'univers, tout le reste ne feroit plus qu'errer vaguement et flotter dans l'espace, sans but et sans objet; en un mot, pour me servir d'une expression reçue et même triviale, *le monde ne seroit plus qu'une sorte de balai défait*, et dont les brins *se disperseroient*, faute de *lien*. En effet, tout semble destiné et subordonné à l'*homme*; car lui seul sait tout *s'approprier*, et tirer parti de tout. Les mouvemens périodiques et les *révolutions* des *astres* lui servent à *distinguer* et à *mesurer* les *temps*, ou à *déterminer* la *situation* des *lieux*. Les *météores* lui fournissent des *pronostics* pour *prévoir* les *saisons*, la *température* ou d'autres *météores*. Les *vents* lui fournissent une *force motrice* pour la *navigation*, pour les *moulins*, et pour une infinité d'autres machines; les *plantes* et les *animaux* de toute espèce, des *matières* pour le *logement* et le *vêtement*, des *alimens*, des *remèdes*, des instrumens et des moyens pour *faciliter*, *abréger* et *perfectionner* tous ses *travaux* ; en un mot, une infinité de choses nécessaires, commodes ou agréables : ensorte que tous les êtres qui l'environnent, semblent *s'oublier eux-mêmes, et ne travailler que pour lui*(1);

---

(1) Quoique l'homme tire parti de tout, il ne s'ensuit pas que tout ait été fait pour que l'homme en tirât parti : autrement l'animal qu'il nourrit, auroit aussi droit de croire que l'homme a été fait pour lui ; et j'ai peine à me persuader qu'un *requin*, lorsqu'il dévore un homme d'une seule bouchée, *l'avale, en s'oubliant lui-même, et ne le mange que pour lui faire plaisir*. Si l'homme est en effet le centre de l'univers, quand le requin a avalé l'homme, le centre de l'univers est alors dans le ventre du requin. La vérité est que, si les différens êtres ont été *formés à dessein*, ils ont été *faits les uns pour les autres*, puisqu'il n'est aucun être *qui n'ait besoin de quelques autres, et qui ne soit nécessaire à d'autres*. Le véritable lien des êtres organisés, ce sont leurs *besoins* et leurs *actions réciproques*. L'homme a de plus des *droits*

et ce n'est pas au hazard que le poëte, inventeur de cette fiction, ajoute que, dans cette masse destinée à former l'homme, *Prométhée* mêla et combina, avec le limon, *des particules tirées de différens animaux*. En effet, de tous les êtres que l'univers embrasse dans son immensité, il n'en est point de plus composé et de plus hétérogène que l'homme.

---

fondés sur le *besoin* qu'il a de ses semblables, et des *devoirs* fondés sur le *besoin* que ses semblables ont de lui : *droits* et *devoirs* qui, ayant déja pour base la *faculté* qu'ont les uns et les autres de se *servir* et de se *secourir* réciproquement, ont une base de plus ; savoir, une *loi primitive* dictée par l'Être suprême ; mais qui, dans le cas même où cette opinion si consolante seroit une erreur, ne laisseroient pas de subsister, puisqu'ils dérivent de la *nature même de l'homme*, *être sensible, foible et intelligent :* conséquence qui, *en rendant les bases de nos devoirs indépendantes de tout système religieux, donne ainsi aux théistes et aux athées une morale commune*, et *ôte tout prétexte aux méchans*, comme le souhaitoit le sage *Marc-Aurèle*, et comme l'a aussi en partie observé le sublime traducteur d'*Young* et de *Shakespear*.

Ainsi ce n'est pas sans raison que les anciens l'ont qualifié de *petit monde*, de *microcosme*, le regardant comme *un abrégé du monde entier*. Or, quoique les chymistes, qui ont abusé de ce mot de *microcosme*, et qui en ont détourné la signification, en le prenant à la lettre, en aient détruit toute l'élégance et toute la vraie force, lorsqu'ils ont avancé que tous les minéraux et tous les végétaux, ou des substances très analogues, se trouvent dans le corps humain (1), cette ridicule exagération ne détruit, en

---

(1) Cette assertion est moins vraie que ne le pensoient ces chymistes, et plus vraie que ne le pensoit notre auteur. *Tous les élémens de la matière, ainsi que les qualités et les forces primordiales, qui leur sont inhérentes, sont dans un mouvement perpétuel, elles se croisent sans cesse et se mêlent selon toutes les directions et les proportions possibles; elles entrent dans les composés, en sortent et y rentrent continuellement, surtout dans les corps organisés qui reçoivent, par toutes leurs portes, des débris d'animaux, de végétaux et de minéraux : donc il y a de tout*

aucune manière, ce que nous venons de dire, et il n'en est pas moins certain que, de tous les corps connus, c'est le plus mélangé, et celui qui présente le plus de substances différentes et de parties distinctes; complication à laquelle il est naturel d'attribuer ces propriétés et ces facultés étonnantes dont il est doué : car les corps très simples n'ont qu'un très petit nombre de forces, ou de propriétés, et dont l'effet est prompt et certain, parce qu'elles n'y sont point balan-

---

dans tout : donc *il y a de tout dans l'homme* : or les particules de la matière solaire, et les molécules terrestres, aqueuses, aériennes, minérales, végétales, etc. sont, par rapport aux molécules (à peu près de même grandeur et d'une force proportionnelle) qui les environnent, des *soleils*, des *terres*, des *lunes*, des *océans*, des *atmosphères*, des *minéraux*, des *végétaux* ; *car tout est relatif* : et une *particule de la matière solaire est plutôt un soleil, par rapport au corps humain, que le soleil n'est une étincelle, par rapport au monde entier* : donc *l'homme est un abrégé de l'univers*.

cées par d'autres qui puissent les affoiblir et les émousser, comme elles le sont dans les corps plus composés. Mais la multitude des propriétés et l'excellence des facultés dépend de la composition et d'une plus grande diversité dans les parties constitutives. Cependant l'homme, à son origine, semble être *nu* et *désarmé*; il est long-temps sans pouvoir se secourir lui-même ; il manque de tout. Aussi *Prométhée* se hâta-t-il de *dérober le feu du ciel,* qui est si nécessaire à l'homme, pour satisfaire la plupart de ses besoins, ou de ses fantaisies ; que, si l'ame peut être appellée *la forme par excellence* (1), et la *main,* le *premier de tous les instrumens,* le *feu* peut être

---

(1) Qu'est-ce que l'ame ? c'est la forme par excellence : de quoi est-elle la forme? ce ne peut être que celle du corps humain ; puisque, si l'on ôte de l'homme son corps et son ame, il ne reste plus rien : or, selon *Bacon,* la *forme* est ce qui constitue une chose : l'ame, selon lui, est donc ce qui constitue le *corps humain.*

regardé comme *le plus puissant de tous les secours* et le *plus efficace de tous les moyens*. C'est de là que l'industrie humaine et les arts méchaniques tirent leurs principales ressources ; c'est un *agent* dont l'homme varie à l'infini l'emploi et l'usage. La manière dont *Prométhée* s'y prit pour faire ce larcin, s'applique, avec beaucoup de justesse, à notre explication, et est tirée de la nature même de la chose ; il est dit qu'il se servit pour cela d'une *férule* qu'il fit toucher au *char du soleil* : or, la *férule* sert à frapper, à donner des coups (1), ce qui se rapporte au vrai *mode de génération du feu*, qui est ordinairement *excité par de vives percussions* et des *chocs violens*, qui,

___

(1) Ce feu que *Prométhée* déroba dans les cieux et apporta aux hommes, n'est autre chose que la *science*; cela posé, si les pédagogues de l'antiquité employoient, comme les nôtres, la *férule*, pour exciter l'attention de leurs disciples, alors on comprendroit aisément ce que le poëte veut dire, lorsqu'il prétend que *Prométhée* se servit d'une *férule*

en atténuant les matières et en les mettant en mouvement, les préparent à recevoir la chaleur des corps célestes, les met en état de prendre feu, et de le *dérober*, pour ainsi dire, *furtivement au char du soleil*. Vient ensuite la partie de cette fable, qui mérite le plus de fixer l'attention. Les hommes, y est-il dit, au lieu de ces remercîmens et de cette gratitude qu'ils sembloient devoir à celui qui leur avoit fait un tel présent, le payant d'une accusation, dénoncèrent *Prométhée* et son larcin au tribunal de *Jupiter;* accusation qui fut si agréable au dieu, que sa munificence versa sur eux de nouveaux bienfaits. N'est-on pas étonné de voir ce dieu approuver et ré-

---

pour apporter le *feu céleste;* cela signifieroit qu'il faisoit d'excellentes éducations, parce qu'il *prodiguoit les férules à ses écoliers,* pour les faire étudier, à peu près comme nos pédans animés par une *ardente charité* pour leurs élèves, et par une ferme *espérance* d'en faire des *orthodoxes,* leur *donnent la foi, à force de leur donner le fouet.*

compenser même leur ingratitude envers leur auteur et leur bienfaiteur, crime si commun parmi nous? Mais le vrai sens de cette partie de la fiction est très différent de celui qu'elle présente à la première vue; en voici la vraie signification. Lorsque les hommes accusent ainsi leur art et leur propre nature, le sentiment que suppose une telle accusation est plus louable et a de plus heureux effets qu'on ne le pense; la disposition contraire déplaisant aux dieux, et étant pour l'homme une source de maux : car ceux qui vantent excessivement la nature humaine ou les arts dont l'homme est en possession, et qui sont comme en extase devant ce peu qu'ils possèdent, veulent en même temps qu'on regarde comme *complètes ces sciences* dont ils font profession, ou qu'ils cultivent; admiration d'où résulte une double méprise. En premier lieu, ils sont moins respectueux envers la divinité, aux perfections de laquelle ils semblent comparer leur foible intelligence. En second lieu, ils se rendent moins utiles aux autres hommes ; parce que, s'imaginant qu'ils sont déja arrivés au but, et que leur tâche est remplie, ils ne font plus de nouvelles recherches. Au contraire, ceux qui accusent et dénoncent les arts et la nature humaine, se plaignant continuellement de leur ignorance et de leur impuissance, ont une idée plus juste et plus modeste de leur état ; disposition qui éveille leur industrie, et les excite à faire de nouvelles recherches (1) ; raison de plus pour être étonné du peu de jugement et de la foiblesse de ceux qui, endossant la livrée de certains maîtres, et devenus esclaves d'un petit nombre de philosophes arrogans,

---

(1) Cette explication n'est qu'un perpétuel contre-sens ; celle de J. J. nous paroît plus naturelle. *Ce feu du ciel, dérobé par Prométhée*, est la *science*, comme le pense ce dernier ; les hommes, au lieu d'honorer et de récompenser ceux qui les instruisent, les accusent d'*impiété*, d'*athéisme*, de *sorcellerie*, devant le *prince* ou les *grands*, à l'instigation de certains envieux ou intrigans ; le prince récompense cette dénonciation par de nou-

ont une si haute vénération pour cette philosophie des *Péripatéticiens* (qui, après tout, n'étoit que la plus foible portion de la philosophie des *Grecs*), que toute accusation ou critique dont elle est le sujet, leur paroît non-seulement *inutile*, mais même *suspecte* et dangereuse; c'est, à leurs yeux, une sorte d'*hérésie*. Ainsi, abandonnant cette *philosophie magistrale d'Aristote*, qui tranche sur tout, et semble ne jamais douter de rien, croyons-en plutôt *Empedocle* et *Démocrite*, qui se plaignent continuellement, le premier, avec une sorte de *colère* et d'indignation, le dernier, avec plus de *réserve* et de *modestie*, que tout, dans l'é-

---

velles faveurs: mais comme *ces graces* sont accordées à des *sots*, les *ânes* qui en sont les *porteurs*, s'en laissent dérober le fruit par les *hommes serpens*, c'est-à-dire par les *intrigans*, etc. puis, les *philosophes*, leur pardonnant cette ingratitude, continuent à les instruire : *Prométhée* signifie *providence* ou *prévoyance* : les hommes *éclairés* et *prévoyans* sont en petit ce que la divine providence est en grand.

tude de la nature, est hérissé de difficultés; que l'homme est plongé dans les plus profondes ténèbres, qu'il ne sait rien, absolument rien; que *la vérité est au fond d'un puits*; qu'elle est tellement mêlée et entrelacée avec l'erreur, qu'il est impossible de démêler l'une d'avec l'autre; car il est inutile de parler de la *troisième académie*, qui, sur ce point, a excédé toute mesure, et a porté le doute jusqu'à l'extravagance (1). Ainsi les hommes doivent être bien persuadés que l'effet ordinaire de cette *dénonciation des*

---

(1) *Arcésilas, Carnéades* et *Pyrrhon* n'eurent d'autre tort, que celui d'avoir outré et exagéré deux opinions très sages de la *première Académie*. L'une de ces opinions étoit que, dans toute recherche ou discussion, pour se mettre en état de saisir ou de reconnoître la vérité, au cas qu'on la rencontre, il faut se tenir *dans une parfaite indifférence sur l'affirmative et la négative*, au lieu d'épouser d'abord certaines opinions avant de les avoir soumises à l'examen, et de chercher ensuite des argumens ou des sophismes pour les défendre envers et contre tous, comme on le faisoit dans les

arts humains et de la nature même de l'homme, genre d'accusation agréable à la divinité, est de l'engager à répandre de nouveaux bienfaits sur les accusateurs; que cette accusation si âpre, si violente, et en apparence si injuste, intentée contre *Prométhée*, quoiqu'ils lui doivent leur existence et une partie de leurs lumières, ne laisse pas d'être plus judicieuse qu'une gratitude excessive et une admiration outrée pour ses présens. Enfin, que *cette trop haute idée que l'homme a de son opulence est une des principales causes de son indigence.*

---

autres écoles. L'autre étoit que, pour prévenir des disputes trop vives, et les animosités qui en sont l'effet, il faut demeurer *dans un doute perpétuel à l'égard des opinions qui n'ont que des relations très éloignées avec le bonheur de l'homme, et qui ne sont pas susceptibles d'être vérifiées par l'expérience :* mais les philosophes désignés dans ce passage firent un *dogme positif* de ce *doute philosophique* dont *Socrate* et *Platon* n'avoient fait *qu'une méthode provisoire, pour passer de l'ignorance à la vérité, sans passer par l'erreur.*

Quant à ce *don* que les hommes reçurent pour prix de leur accusation, je veux dire celui *d'une perpétuelle jeunesse*, il est d'une nature qui nous porteroit à penser que *les anciens ne désespéroient pas de la découverte des moyens et des procédés nécessaires pour retarder la vieillesse et prolonger la vie humaine*, mais la regardoient plutôt comme un de ces secrets précieux que les hommes avoient possédés autrefois, et laissé échapper de leurs mains, par leur paresse, leur incurie et leur négligence, que comme un avantage qui ne leur eût jamais été accordé, et qui leur eût même été refusé pour toujours : car ils nous font entendre assez clairement, dans cette fiction, en y indiquant le véritable usage du feu, et en relevant, avec autant de force que de justesse, les erreurs de l'art, que si les hommes ne sont pas possesseurs de ce secret, ce n'est pas que les dieux l'aient mis hors de leur portée, mais parce qu'ils s'en sont eux-mêmes privés, en mettant ce don si précieux *sur un âne pesant et tardif;* fidelle image de *cette expérience aveugle et stupide,* dont la marche excessivement lente a donné lieu à cette plainte si ancienne *sur la courte durée de la vie et les longueurs de l'art.* Quant à nous, notre sentiment est que l'on n'a pas encore su faire *une judicieuse combinaison de la méthode dogmatique et de la méthode empyrique,* qui ne sont pas faites *pour être séparées,* mais pour *s'aider réciproquement* (1), et qu'on a l'imprudence *de confier les présens des dieux,* ou *à la témérité d'une philosophie abstraite,* espèce d'*oiseau* qui ne fait que *voltiger,*, ou *aux lenteurs de l'expérience fortuite,* qui est l'*âne de la philosophie;* et cet *âne* même, on ne

---

(1) La méthode *empyrique* est nécessaire pour acquérir *l'expérience;* et la méthode *dogmatique,* pour la *diriger,* la *provoquer,* la *prévoir,* la *simplifier,* la *suppléer* et la *résumer:* l'*empyrique* est le *maçon,* et le *dogmatique* est l'*architecte;* mais il faut des *pierres pour bâtir.*

doit pas non plus en avoir trop mauvaise idée, ni en trop mal augurer; il peut toujours être de quelque utilité. En effet, tout homme qui, dirigé par des règles et une méthode aussi sûres que fixes, s'adonneroit à l'expérience avec un zèle soutenu, et sans que la soif de ces expériences qui n'ont pour objet qu'un *vil gain*, ou un *vain étalage*, l'excitât jamais *à jeter (ou à laisser prendre) son fardeau,* pour courir après ces objets frivoles; cet homme, dis-je, pourroit nous apporter de nouveaux dons de la munificence divine (1). Lorsque les poëtes

---

(1) Le plus sûr moyen pour perfectionner rapidement toutes les branches de l'industrie et de la science humaine, c'est la *division du travail;* et les hommes qui concentrent toute leur attention dasn un seul genre, finissent toujours par surpasser ceux qui se partagent entre plusieurs genres. Ainsi il manque, dans la *république savante, une société purement expérimentale,* dans les assemblées de laquelle il ne seroit permis que d'exposer, dans le plus grand détail, les procédés qu'on auroit suivis, en faisant les expériences dont on y rap-

ajoutent que le *don d'une jeunesse perpétuelle passa des hommes aux serpens*, ce n'est qu'une circonstance ajoutée pour embellir cette fable ; à moins qu'on ne pense que les anciens, par cette addition, ont voulu aussi faire entendre que les hommes devroient rougir de n'avoir pu jusqu'ici, à l'aide du feu, et des arts dont ils sont en possession, s'approprier ce que la nature même a accordé à tant d'autres animaux. De plus, cette récon-

---

porteroit les résultats, en y joignant tout au plus les raisonnemens par lesquels on y auroit été conduit et ceux qui conduiroient immédiatement à d'autres expériences : société qui n'auroit qu'un *seul statut*, portant que tout membre qui se permettroit des raisonnemens qui n'aboutiroient pas à des expériences, ou qui proposeroit de nouvelles expériences à faire, sans présenter des résultats d'expériences déja faites, en seroit puni par une amende applicable au *profit expérimental* de celui qui, dans la même séance, seroit jugé avoir présenté le résultat le plus clair et le plus utile. Voilà un moyen pour s'épargner les raisonnemens *à perte de vue et le bavardage*.

ciliation subite des hommes avec *Prométhée*, après avoir fait une si grande perte et avoir vu ainsi toutes leurs espérances trompées, renferme une observation aussi utile que judicieuse, c'est une fidelle image de l'inconstance et de la légèreté de la plupart des hommes qui se mêlent de faire des expériences ; car, lorsque leurs premières tentatives ne sont pas heureuses et ne répondent pas à leurs desirs, ils se découragent aussi-tôt et abandonnent tout, pour revenir précipitamment à leur ancienne marche et à leurs premières opinions, avec lesquelles ils *se réconcilient* (1). La fable, après avoir décrit *l'état de l'homme*, par rapport *aux arts* et aux *facultés intellec-*

---

(1) La fausseté de cette partie de l'explication prouve celle du tout : *Prométhée*, selon notre auteur même, représente la *prévoyance* et, en général, la *science*, ou les *hommes vraiment savans et prévoyans* : *se réconcilier avec Prométhée*, ce n'est donc pas *se réconcilier avec ses anciens préjugés*, mais, au contraire, *avec la vérité* et avec *ceux qui la possèdent*.

tuelles, passe à *la religion;* car la culture des *arts* a presque toujours marché de front avec le *culte divin, qui a été ensuite envahi* et *souillé par l'hypocrisie* (1). Ainsi ce double sacrifice, ces

---

(1) Il en a été des *religions* comme de *l'orviétan*, de la *lanterne magique* et d'une infinité d'autres *drogues* ou *machines,* inventées par des *hommes de génie,* et promenées ensuite par des *charlatans.* Ces *doctrines mystérieuses,* qui, dans leur première institution, étoient aussi *simples* que les *hommes* auxquels elles étoient *destinées,* furent d'abord *un puissant instrument que les premiers sages employèrent pour contenir des hommes aussi féroces qu'ignorans, en attendant qu'ils pussent les instruire, et pour leur faire accroire des vérités de pratique qu'ils ne pouvoient encore leur faire comprendre :* puis, d'hypocrites fainéans s'emparèrent de ces doctrines, et jugeant que la *crédulité du peuple* seroit plus *fructueuse* pour eux que son *instruction,* défendirent, *sous peine de mort,* de lui faire *comprendre* ce qu'ils vouloient absolument continuer *de lui faire accroire;* ajustèrent au *corps de la religion* une *alonge aussi lucrative que mensongère;* condamnèrent le genre humain à une enfance éternelle, et convertirent ainsi le *remède* en *poison.*

deux victimes offertes par *Prométhée*, nous donnent une juste idée de l'*homme vraiment religieux* et *de l'hypocrite*. Car, dans la peau de l'un des deux taureaux se trouve la *graisse*, dont l'*inflammation* et la *fumée* sont l'emblême de l'*amour* et du *zèle pour la gloire de Dieu*; sentiment qui enflamme les cœurs, en élevant les pensées; elle renferme et contient aussi les *entrailles*, image de la *charité* ; enfin, des *chairs substantielles*, qui représentent la *substance* et la *réalité d'une piété sincère*. La *peau* de l'autre taureau ne contient que des *os arides et dépouillés de chair*, qui ne laissent pas de tenir cette peau tendue, et de lui donner toute l'apparence d'une très belle victime. *Ce dernier taureau* est l'emblême de ces *rits extérieurs* et de ces *fastueuses cérémonies* dont les hommes *chargent* et *enflent*, pour ainsi dire, *le culte divin ;* toutes choses bonnes pour l'*ostentation* et l'*étalage*, mais qui n'ont rien de commun avec la *vraie piété* (1) ; et les hommes, non contens de se jouer de la divinité par cet orgueilleux hommage, ont bien l'audace d'imputer à Dieu même leur propre vanité, de soutenir que de telles offrandes sont de son choix, et que c'est lui-même qui les a prescrites. Mais le prophête les dément, en faisant parler Dieu lui-même sur ce sujet, se plaint en ces termes de l'espèce d'option qu'ils lui donnent : *Est-ce donc là ce jeûne que j'ai prescrit ? est-ce moi qui ai voulu que l'homme se contentât de mortifier ainsi son corps durant le cours d'une seule journée, et courbât ainsi la tête comme le roseau débile ? qu'ai-je besoin de vos boucs* et de *vos genisses ?*

Après avoir décrit *l'état de la reli-*

---

(1) Plus un homme est *sot* ou *fripon*, *plus il a besoin de faire sa toilette*; il en est de même *d'une religion et de ses ministres* : il y a une terrible différence entre la couronne d'épines de J. C. et les trois couronnes de son vicaire ; et ce *vicaire* est beaucoup plus riche que le *curé*.

gion, la fable passe à la description *des mœurs* et *des misères attachées à la condition humaine*, dont elle indique la principale *source*. C'est une opinion assez commune, et qui n'en est pas moins fondée, que cette *Pandore* est l'*emblême* de la *volupté* (des *desirs illicites*) qui, après *l'invention des arts nécessaires, des commodités de la vie et des rafinemens du luxe*, a, pour ainsi dire, *allumé son flambeau*. Aussi est-ce à *Vulcain* (qui est l'*emblême du feu*) que sont attribués les inventions et les travaux qui ont pour objet la *volupté* : source impure d'où découlent une infinité de *maux* et de *calamités avec le tardif repentir ;* maux qui se font sentir, non-seulement aux *individus*, mais même aux *empires*, soit *royaumes*, soit *républiques;* car c'est de-là que dérivent la *guerre*, les *troubles, les révoltes* et la *tyrannie* (1). Mais ce

———————

(1) Cette partie de la fable est expliquée avec autant de netteté que de justesse ; mais cette explication est encore un peu vague et incomplète. Pour-

qui doit ici fixer principalement notre attention, ce sont les deux conditions op-

---

quoi l'inventeur de cette fable dit-il que le *vase*, où étoient renfermés *tous les maux*, étoit *fort beau*, et qu'il fut mis *entre les mains d'une très belle femme ?* en voici la raison : la *source* la plus féconde des maux de l'homme en société, est la *jalousie*; et les *deux* principaux *objets* de cette *jalousie* sont les *belles femmes* et le *luxe*; c'est-à-dire, le desir de *jouir* et celui de *briller*; *seconde cause* qui *rentre* dans *la première*, et qui n'en est qu'un *effet*; car le *luxe*, *enfant* de la *vanité* humaine, a dû s'introduire, et s'est en effet *introduit* par le *sexe*, dont le *besoin*, le *desir*, la *destination*, le *métier* et le *devoir* même, est de *plaire*; sexe qui, en conséquence, a *droit* et est même *obligé*, *par état*, d'être un peu *vain*. C'est sur-tout pour se plaire l'un à l'autre que les deux sexes se couvrent de brillans colifichets; c'est pour *jouir* qu'on veut *briller*; et c'est pour *être doublement* qu'on veut *paroître*. Or, de ce *double desir* naissent la *jalousie*, le *dépit*, les *disputes*, les *querelles*, la *guerre et l'effusion du sang humain.* Plus une femme a de perfections, plus elle est vivement et universellement convoitée, plus aussi elle cause de maux : un homme mûr et prudent, *un Prométhée*, se garde bien de mettre à son doigt un

posées, les deux exemples, et, en quelque manière, les deux tableaux contrai-

---

tel bijou; car il sait que le possesseur de ce joyau que tout le monde desire, a tout le monde pour ennemi : une telle femme ne paroît belle à son époux que pendant quelques mois, parce qu'il est dans les coulisses et voit de près les décorations; mais elle continue de le paroître à ceux qui restent au parterre, et elle ne le redeviendra pour lui qu'au moment où il craindra de la perdre. *Prométhée* regarde ce joyau si couru comme une marchandise de très bon débit; mais il craint les *frais de garde* et *de magasin*; en conséquence, il s'en passe et n'épouse que son propre repos, en se contentant d'une femme que personne ne lui envie, ou en gardant le célibat; au lieu qu'un jeune étourdi, rempli de vanité, en un mot, un *Epiméthée*, qui veut avoir long-temps la gloire d'étaler ce bijou, quoiqu'il ne soit pas très nécessaire de le porter au marché, et qu'on sache toujours très bien où il est, lève le couvercle de la boîte de *Pandore*, et y puise un *repentir* cent fois *plus amer*, que *l'espérance*, restée au fond du vase, n'est *douce* : il veut remettre le couvercle, mais il n'est plus temps; tous les maux sont sortis et se sont logés au fond de son cœur. *Les belles femmes* sont le *feu* qui nous *éclaire* et nous *aveugle*, qui nous ré-

res, tracés dans cette fable sous les personnages de *Prométhée et d'Epiméthée:*

---

chauffe et qui nous *brûle :* elles nous *apprivoisent* et nous *effarouchent,* nous *consolent* et nous *désolent.* C'est la beauté qui envoie les guerriers détruire le genre humain, et qui les rappelle ensuite pour réparer ses pertes : les femmes et les guerriers se cherchent naturellement : c'est avec ceux qui dépeuplent le plus, qu'elles aiment le mieux repeupler; et *Mars est l'amant favorisé de Vénus:* ici, comme par-tout ailleurs, la nature, après avoir planté, dans le bien même, le germe du mal, plante ensuite, dans ce mal même, le germe du bien. Le véritable défaut de cette fiction expliquée par notre auteur, c'est que les poëtes qui l'ont inventée, n'ont envisagé que les maux causés quelquefois très innocemment par le beau sexe, sans parler des services qu'il rend et des biens qu'il procure à l'autre moitié du genre humain : il faut donc ajouter cette moitié que les poëtes ont supprimée; la voici: on trouve infiniment plus de vertus, de talens et de qualités sociales, dans les sociétés composées des deux sexes, que dans celles qui le sont entièrement d'un sexe ou de l'autre : si l'on ôtoit de l'univers tout le beau sexe, on en ôteroit le *desir de plaire* et la *commisération,* les deux sources les plus réelles et les plus pures de toutes les vertus humaines.

car ceux qui ont embrassé la secte d'*Epiméthée*, manquent ordinairement de prévoyance ; leur vue n'est pas de très longue portée ; ils mettent au premier rang les douceurs dont ils peuvent jouir dans le présent; insouciance qui les expose à une infinité de dangers, de malheurs et de difficultés, contre lesquels ils sont obligés de lutter sans cesse. Mais du moins ils ont l'avantage de se satisfaire, de céder à leur penchant, et de suivre leur propre goût ; à quoi il faut ajouter une infinité d'espérances chimériques qu'ils doivent à leur ignorance même, et dont ils se paissent comme d'autant de rêves agréables ; songes flatteurs qui adoucissent les misères de leur condition. Mais l'école de *Prométhée* est composée d'hommes très prudens, qui, découvrant fort loin dans l'avenir, s'épargnent et éloignent, par leurs précautions prises long-temps d'avance, les maux dont ils sont menacés. Mais cet avantage même est balancé par un terrible inconvénient qui s'y trouve attaché:

Ces mêmes hommes se privent d'une infinité de plaisirs et de douceurs : ils luttent continuellement contre leur propre penchant et font violence à leur naturel; sans compter les craintes, les inquiétudes et les soucis dont ils sont perpétuellement rongés; inconvénient pire que le premier; car liés comme *Prométhée* à la colonne inébranlable de la nécessité, ils sont tourmentés par une infinité de pensées affligeantes (représentées par cet *aigle* de la fable, parce qu'elles ne font, pour ainsi dire, que voltiger); pensées dont *l'aiguillon les pénètre et qui leur rongent,* pour ainsi dire, *le foie* (1); à la réserve de quelques instans de relâche, où ils respirent un peu, et qui sont pour

---

(1) Les sciences ne nous apprennent que trop souvent à voir des maux qu'elles nous apprennent rarement à guérir, maux que sans elles nous n'aurions pas apperçus : et tel est leur principal inconvénient; car la plus grande partie du bonheur consiste à ignorer tous les maux dont on ignore le remède, à jouir du beau temps, avec un peu d'insouciance, et à ne sentir la pluie que lorsqu'il pleut.

eux comme *le repos de la nuit ;* mais ces craintes et ces inquiétudes renaissent bientôt pour les tourmenter de nouveau. Aussi il est peu d'hommes qui sachent réunir en eux tous les avantages attachés à ces deux dispositions contraires de l'ame ; je veux dire, la *sûreté* réelle qui est le fruit d'une sage *prévoyance*, et la *sécurité* attachée à une *judicieuse insouciance* et au *mépris du danger* (1). On ne peut parvenir à ce double but que par le moyen *d'Hercule*, c'est-à-dire, de ce courage soutenu, de cette force d'ame et de cette constance qui fait que l'homme préparé à tout événement, et disposé à mépriser les maux ainsi que les biens, sait *prévoir* sans *crainte,* jouir

---

(1) L'homme doit réfléchir sur chacune de ses actions, afin de ne point agir au hazard, et n'y penser que durant un certain temps, afin de réaliser ses idées ; sans doute : mais pendant *combien de temps* doit-on *réfléchir* sur chacune, pour n'être ni *trop soucieux* ni *trop insouciant?* voilà ce qu'il seroit impossible de dire : ici les *mesures* manquent et la *règle* n'est point divisée en pieds et en pouces.

sans dégoût (excès), et *souffrir* sans *impatience*. Mais une circonstance qu'on ne doit pas oublier ici, c'est que cette égalité d'ame n'étoit point naturelle à *Prométhée,* mais qu'il l'avoit acquise et qu'il la devoit au secours d'un autre, nul individu n'ayant naturellement une ame assez forte pour s'élever si haut. Elle lui étoit venue des lieux situés au-delà de *l'océan;* et il en avoit l'obligation *au soleil,* qui avoit fourni les moyens nécessaires pour la lui apporter; car elle étoit l'effet et le fruit de la sagesse et de profondes méditations sur l'instabilité, les vicissitudes, et, s'il est permis de s'exprimer ainsi, sur les *ondulations de la vie humaine* (1); méditations qui peuvent être comparées à la *navigation d'Hercule* traversant l'océan (dans un vase de terre). *Virgile* a su peindre, avec son

---

(1) *Rien ne dure :* cette vérité bien conçue, ou plutôt bien sentie, suffit pour nous préserver de la présomption dans la prospérité, et du découragement dans l'adversité.

élégance ordinaire, cet état de l'ame, en indiquant sa véritable source :

Heureux qui, ayant découvert les causes de tout, a su mettre sous ses pieds les vaines terreurs, le destin inexorable et le fracas de l'avare Achéron.

C'est avec le même jugement que l'auteur de cette fiction que nous expliquons, ajoute, pour encourager les hommes et fortifier leur ame, que ce héros d'une si haute stature ne laissa pas *de traverser l'océan dans un vase de terre*, de peur qu'ils n'allèguent pour excuse la fragilité de leur nature, et ne s'imaginent, ou ne prétendent, qu'elle est tout-à-fait incapable d'une telle force et d'une telle confiance. *Sénèque* avoit une plus haute idée des forces de la nature humaine, lorsqu'il s'exprimoit ainsi : *Est-il un spectacle plus imposant et plus auguste que de voir réunies, dans un même homme, la fragilité d'un mortel et la sécurité d'un dieu?*

Mais revenons sur nos pas pour éclaircir un point que nous avons passé à dessein, et afin de ne pas en séparer d'autres qui avoient entre eux une liaison et une connexion naturelle : je veux parler de ce crime que commit *Prométhée*, en sollicitant *Pallas*, et en voulant attenter à la pudicité de cette déesse : car ce fut proprement pour ce crime, le plus grand de tous ceux dont il s'étoit rendu coupable, qu'il fut condamné à avoir les entrailles continuellement dévorées par un *aigle*. Cette partie de la fiction nous paroît destinée à faire entendre que les hommes, fiers d'avoir porté leurs arts à un certain degré de perfection, et enflés de l'étendue de leurs connoissances, tentent souvent de soumettre la sagesse divine à leurs sens et à leur raison; prétention audacieuse, dont la conséquence nécessaire et la punition naturelle est cette espèce de déchirement et cette perpétuelle agitation d'esprit figurée par le supplice de *Prométhée*. Ainsi, les hommes doivent, avec toute la modestie et la soumission convenables, faire une juste distinction entre les choses divines et les choses humaines, entre les oracles des sens et ceux de la foi; à moins qu'ils ne veuillent embrasser *l'hérésie*, ou une *philosophie fantastique* et mensongère. Reste à parler de ces jeux institués en l'honneur de *Prométhée*, où ceux qui disputoient le prix, couroient un flambeau à la main; cette dernière partie de la fable se rapporte également aux arts et aux sciences, comme ce feu dérobé au ciel par *Prométhée* et en mémoire duquel ils furent institués; elle renferme une observation très judicieuse; savoir, qu'on ne doit attendre de rapides progrès dans les sciences, que de la succession des individus ou des nations qui les cultivent, et non de la vivacité ou de la vigueur d'esprit d'un seul individu ou d'une seule nation. En effet, ceux qui sont les plus légers à la course, sont peut-être ceux qui ont le moins d'adresse pour tenir leur flambeau allumé; son extinction pouvant tout aussi-bien être l'effet de la rapidité de la course, que de sa lenteur. Malheureusement les courses et les joûtes de cette espèce sont tombées en désuétude depuis long-temps ; les sciences n'ayant été florissantes que dans leurs premiers inventeurs, tels qu'*Aristote*, *Galien*, *Euclide*, *Ptolomée*, etc. et leurs successeurs n'ayant *rien fait et presque rien tenté de grand*. Il seroit à souhaiter que ces jeux, en l'honneur de *Prométhée*, ou de la *nature humaine*, fussent rétablis. Ils pourroient exciter une louable émulation et provoquer des joûtes utiles ; car alors la succession des sciences ne dépendroit plus du frêle flambeau d'un seul individu, flambeau perpétuellement agité et toujours prêt à s'éteindre. Ainsi on ne sauroit trop exhorter les hommes à s'éveiller eux-mêmes, et à fournir leur carrière avec vigueur, au lieu de se reposer entièrement, comme ils le font, sur l'autorité d'un petit nombre d'esprits.

Telles sont les vérités que cette fable si connue nous présente sous le voile mystérieux de l'allégorie. Cependant, nous ne disconvenons pas qu'elle n'en renferme un grand nombre d'autres qui se rapportent *aux mystères du christianisme*. Avant tout, cette navigation qu'*Hercule* entreprit *dans un vase de terre*, pour délivrer *Prométhée*, paroît être une figure de l'*incarnation du Verbe divin*, qui daigna, pour ainsi dire, faire voile sur l'*océan* de ce monde, revêtu d'une chair humaine (espèce de vase fragile), pour la rédemption du genre humain. Mais nous devons nous arrêter ici ; car nous nous sommes interdit toute interprétation trop libre en ce genre, de peur de *porter un feu étranger et profane sur l'autel du Seigneur*.

XXIV. *Scylla et Icare, ou la route moyenne (le milieu entre les extrêmes).*

La *médiocrité*, ou la *route moyenne*, est ce qu'on approuve et qu'on vante le plus *en morale*; elle l'est un peu moins en *logique*, quoiqu'elle n'y soit pas moins utile : elle n'est suspecte qu'en *politique*, où elle ne doit, en effet, être suivie qu'avec choix, et seulement dans certains cas. Or, les anciens représentoient, en *morale*, la *médiocrité* (ou la voie moyenne) par celle qui fut prescrite à *Icare*; et en *logique*, par la route moyenne et directe entre *Carybde* et *Scylla*: route dont il est si souvent fait mention, à cause de la difficulté qu'on éprouve à la suivre constamment, et des risques que l'on court en s'en écartant à droite ou à gauche. *Dédale* étant près de traverser les airs avec son fils, pour franchir *la mer Egée*, lui recommanda de ne voler ni trop haut ni trop bas; car ces ailes n'étant fixées qu'avec de la cire, s'il voloit trop haut, il étoit à craindre que la chaleur du soleil ne la fît fondre; et s'il voloit trop bas, la vapeur humide de la mer pouvoit rendre cette cire moins adhérente. Mais *Icare*, avec une audace et une présomption assez ordinaire dans un jeune homme, prit un essor trop élevé et fut précipité dans la mer.

Le sens de cette fiction est très clair et très connu: elle signifie que la route de la vertu est le droit chemin entre l'*excès* et le *défaut*. Mais il n'est pas étonnant que l'*excès* ait été la *cause* de la perte d'*Icare*. En effet, l'*excès* est le *vice* propre à la *jeunesse;* et le *défaut*, celui de la *vieillesse*. Cependant, de ces deux fausses routes, *Icare* avoit encore choisi la moins mauvaise, vu que le *défaut* est avec raison regardé comme *le pire des deux extrêmes*, l'*excès* ayant une teinte de magnanimité, et une sorte d'affinité avec les cieux, région vers laquelle il semble s'élever comme les *oiseaux;* au lieu que le *défaut* semble *ramper* comme les *serpens*. De-là ce mot si connu et si judicieux d'*Héraclite; lumière sèche, excellent esprit*. En effet, si l'ame, dans son vol, rase trop la terre, elle contracte de l'humidité et perd tout son ressort. Mais aussi, en se portant du côté opposé, il faut le faire avec mesure, afin que cette *sécheresse* si vantée rende la lumière *plus subtile*, sans exciter un incendie. Ces vérités que nous venons d'exposer sont toutes connues. Quant à la *route moyenne entre Carybde et Scylla*, elle se rapporte tout à la fois à *l'art de la navigation* et à *l'art d'être heureux*. Si le vaisseau donne dans *Scylla*, il se brisera contre les rochers ; et s'il tombe dans *Charybde*, il sera englouti. Le sens et la force de cette parabole, que nous ne faisons ici que toucher en passant (et qui nous jeteroit dans des détails infinis, si nous voulions en développer l'explication), est que toute science, dans ses règles et ses principes, doit tenir le juste milieu entre les *écueils des distinctions* (trop *subtiles et trop multipliées*) ; et *le gouffre des universaux* (des idées et des propositions trop générales), car ces deux extrêmes sont devenus fameux par les naufrages multipliés des esprits, des sciences et des arts (1).

---

(1) Non-seulement il est peu d'individus qui ne donnent dans l'*excès* ou le *défaut*, mais même il n'en est point qui ne donnent *dans l'un et l'autre extrême alternativement et fréquemment*. Mais quelle est la *raison*, la *cause* de cette *double er-*

XXV. *Le Sphinx, ou la science.*

Le *Sphinx,* dit la fable, étoit un mon-

---

reur et de la *double faute* qui en est l'*effet?* la voici : quand l'homme est très mal et très mécontent de son état, il *tend* naturellement au *bien* avec toute l'*activité* dont il est capable ; et à force d'y tendre, il y arrive : mais ensuite, en voulant aller au *mieux*, il arrive au *pire*, et il revient ainsi au point d'où il est parti : il songe presque toujours *trop tard* au *remède*. Lorsqu'il est tombé dans l'un des extrêmes et dans les inconvéniens qui y sont attachés, un *sentiment trop vif* de ces maux qu'il n'a pas su *prévoir,* et qu'il a laissé *croître* imprudemment, lui donnant beaucoup *trop d'activité,* de l'*élan* qu'il prend pour revenir au *milieu*, il le passe et *saute* dans l'*extrême opposé;* d'où la même cause le chassant encore avec trop de force, il revient au premier. Et c'est ainsi qu'allant et revenant sans cesse de l'erreur à la vérité, du vice à la vertu, de l'excès au défaut, du mal au bien, il se maintient dans un mouvement perpétuel ; *faisant, le matin, des projets fort sages, et le soir, des sottises; réparant, chaque jour, les sottises de la veille, et préparant celles du lendemain ;* en un mot, *passant sa vie entière à déchirer son habit et à le recoudre :* mais, si chaque

stre dont la forme bizarre participoit de celles de plusieurs animaux. Il avoit le *visage* et la *voix* d'une *jeune fille*, les

---

individu donne ainsi dans l'un et l'autre extrême alternativement, ce n'est pas toujours sa faute, c'est quelquefois celle de ses semblables à qui la nature, ou leur propre imagination, donne des besoins (vrais ou faux) opposés aux siens, et qui le poussent tantôt à droite, tantôt à gauche. C'est quelquefois aussi celle de la *nature* même qui lui donne des besoins contraires en différens temps, sans lui donner d'autre règle, ni d'autre mesure, que l'*instinct* qu'il n'est pas toujours maître d'écouter. Ainsi *la réunion des maximes contraires* n'est pas toujours *une contradiction*; et non-seulement deux maximes opposées dans un même sujet sont quelquefois très faciles à concilier, mais même elles doivent presque toujours être réunies et balancées l'une par l'autre; car, puisque, dans des circonstances opposées, le même individu, et dans les mêmes circonstances, deux individus de constitutions opposées ont des besoins contraires, les bonnes maximes n'étant que des exposés clairs et précis des moyens nécessaires pour satisfaire nos besoins, il s'ensuit qu'il faut réunir les maximes contraires pour satisfaire tous les besoins, soit des divers individus, dans le même temps, soit des

ailes d'un *oiseau,* et les *serres* d'un *gryphon.* Il se tenoit ordinairement sur une montagne de la *Béotie;* poste doù il in-

---

mêmes individus, en différens temps; et que souvent deux maximes opposées qui, n'étant que contraires, paroissent contradictoires, ne sont que les deux moitiés, symmétriquement opposées et également nécessaires, d'un seul précepte complet. Si, dans toute action, ou passion, l'on peut pécher de deux manières, savoir par *excès* ou par *défaut,* n'est-il pas clair que, pour se tenir au milieu, il faut se défier également des deux extrêmes? Tout précepte complet doit donc être composé de deux parties, dont l'une serve à nous préserver de l'*excès,* et l'autre, *du défaut.* L'unique moyen d'éviter tout à la fois *l'excès* et *le défaut,* c'est d'aller et revenir sans cesse vers l'un et vers l'autre, en avançant le moins possible vers chaque extrême; car la vie humaine étant un mouvement perpétuel, et l'homme ne pouvant rester longtemps au même point, il est forcé de croître et de décroître sans cesse et alternativement, par rapport à sa substance et à tous ses modes, à ses parties et à son tout. Ainsi, ne pouvant se tenir dans ce milieu où résident la *santé,* la *sagesse,* la *vertu* et le *bonheur,* il doit, sitôt qu'en évitant l'un des deux extrêmes, il a passé le milieu, *virer de*

festoit les chemins ; s'y tenant en embuscade, il se jetoit tout-à-coup sur les passans, et après s'être saisi d'eux, il leur proposoit des questions très obscures et très difficiles à résoudre ; en un mot, des *énigmes* que les *muses* lui avoient ap-

---

bord, et cingler vers l'autre extrême, en tendant toujours à l'extrême opposé à celui dont il est le plus près, afin de passer et repasser sans cesse par le milieu, et d'être le plus souvent possible dans ce point auquel il doit toujours tendre, mais où il ne peut rester toujours. Ainsi, les deux maximes contraires, répondant aux deux extrêmes opposés, sont deux guides également nécessaires pour nous préserver tout à la fois de ces deux extrêmes, en nous renvoyant sans cesse et alternativement un peu vers l'un et un peu vers l'autre. Tel est le balancier nécessaire, pour se tenir sur la corde, en se penchant légèrement tantôt à droite, tantôt à gauche. On sait que le centre de gravité de l'homme qui marche le plus droit, se porte tour à tour à droite et à gauche de la ligne que la totalité de son corps suit dans sa marche, et que ce centre décrit ainsi une ligne en zig-zag, mais en s'écartant fort peu de la ligne moyenne : notre marche morale doit ressembler à notre marche physique.

prises. Lorsque ces pauvres captifs, ne pouvant résoudre ces questions, ni deviner le mot de ces énigmes, demeuroient muets et confus, il les mettoit en pieces. La *Béotie* ayant été long-temps affligée de ce fléau, les *Thébains* proposèrent pour prix la couronne de *Thèbes* à celui qui pourroit *expliquer les énigmes du Sphinx*. OEdipe, homme d'une grande pénétration (mais dont les pieds, qui avoient été percés durant sa première enfance, étoient encore enflés), tenté et excité par la grandeur du prix, accepta la condition proposée, et voulut courir les risques de l'essai : plein de courage et comptant beaucoup sur lui-même, il se présenta devant le *Sphinx* qui lui proposa cette énigme : *Quel est l'animal qui marche d'abord à quatre pieds, puis à deux, ensuite à trois, enfin à quatre, une seconde fois ?* OEdipe, qui avoit l'esprit très présent, répondit sur-le-champ et sans hésiter : *Cet animal, c'est l'homme même.* Car immédiatement après sa naissance, il se traîné sur quatre pieds, et alors il semble ramper : quelque temps après, ayant plus de force, il se tient dans une attitude droite et marche à deux pieds ; dans sa *vieillesse*, obligé de se servir d'un bâton, pour se soutenir, il a, pour ainsi dire, trois pieds ; enfin, dans la vieillesse décrépite, il est forcé de garder le lit, et redevient, en quelque manière, un animal à quatre pieds. Ainsi, *OEdipe* ayant remporté la victoire par la justesse de cette réponse, il tua le *Sphinx*, puis ayant mis sur un âne le corps de ce monstre, il le mena en triomphe à *Thèbes*; il fut aussi-tôt proclamé roi, conformément au décret qui l'avoit excité à tenter la fortune.

Cette fable ingénieuse et pleine de sens paroît figurer allégoriquement *la science*, sur-tout *lorsque la pratique y est jointe à la théorie*. En effet, on peut regarder *la science* comme une sorte de *monstre*, attendu qu'elle excite *l'admiration*, ou plutôt *le stupide étonnement* des ignorans qui la regardent comme une espèce de *prodige*. Il est dit que la forme du *Sphinx* participoit de celles de différentes espèces d'animaux, à cause de l'étonnante diversité des êtres qui peuvent être les objets des contemplations humaines. Ce *visage* et cette *voix* de *jeune fille* représentent les discours agréables des savans, qui, pour le dire en passant, sont aussi un peu *bavards*. Les *ailes* du *Sphinx* signifient que les sciences et leurs inventions se répandent aussi-tôt et volent en tous lieux ; car *la science se communique* aussi aisément que la *lumière ; et un seul flambeau suffit pour en allumer un grand nombre d'autres.* C'est aussi avec raison qu'on donne au *Sphinx des ongles très aigus et recourbés ;* car les principes et les argumens des sciences pénètrent l'esprit, s'en saisissent et le maîtrisent à tel point, qu'il reste subjugué par la force des raisons et ne peut résister à la conviction ; c'est une observation qu'a faite *Salomon* lui-même : *Les paroles du sage*, dit-il, *sont comme autant d'aiguillons ou de clous enfoncés profondément*. Or, toute science semble être placée sur une montagne escarpée : c'est avec fondement qu'on la regarde comme quelque chose de *sublime* et d'*élevé* ; car, de cette hauteur où la science est placée, elle semble abaisser ses regards sur l'ignorance, et les promener sur l'espace immense qui l'environne, comme on le peut faire du sommet d'une montagne très élevée. On ajoute que le *Sphinx infestoit les chemins;* parce que, dans le pélerinage de cette vie, l'homme trouve par-tout l'occasion de s'instruire et des sujets de méditation. Le *Sphinx* propose aux passans *des questions obscures, des énigmes difficiles à expliquer,* et que les *muses* lui ont apprises. Cependant, tant que ces énigmes ne sont connues que des *muses,* il ne s'y joint aucune teinte de *cruauté.* Car, tant que le *but* des *méditations* et des *recherches* se borne au seul *plaisir de savoir, de s'instruire,* l'entendement est à son aise et aucune nécessité ne le presse ;

il ne fait alors qu'errer, et, pour ainsi dire, se promener en toute liberté; la diversité des sujets qu'il médite est agréable, et ses doutes mêmes ne sont pas sans plaisir. Mais sitôt que les énigmes *passent des muses au Sphinx,* c'est-à-dire, lorsqu'il faut *appliquer la théorie à la pratique,* faire un choix entre plusieurs moyens, former une résolution fixe, prendre son parti sur-le-champ et passer aussi-tôt à l'exécution, alors ces *énigmes* ne sont plus un *amusement,* et, si l'on n'en *trouve* le *mot,* elles deviennent une source d'inquiétudes, l'esprit est tiraillé en tous sens et l'ame est déchirée; c'est un vrai supplice. En conséquence, à ces énigmes proposées par le *Sphinx,* sont jointes deux conditions de natures bien opposées; celui qui ne peut les résoudre, est conduit au supplice de l'incertitude et de l'irrésolution; au lieu que celui qui les résout, obtient une couronne: car tout homme qui ne se mêle que des affaires qu'il entend, arrive à son but, ou, ce qui est la même chose, *il est couronné par le succès* (1), et tout habile ouvrier *commande à son ouvrage; il est maître* et comme *roi de la chose.* Or, ces *énigmes du Sphinx* sont de deux espèces, les unes ayant pour objet *la*

---

(1) Il commande aussi à ses semblables; car, lorsqu'un homme a donné, dans des occasions importantes, une douzaine d'avis utiles et justifiés par le succès, tout le monde le consulte, et alors il *règne :* les *actions* sont *précédées* par les *sentimens* qui les déterminent, et les *pensées précèdent* les *sentimens;* car l'on *n'aime,* ou l'on ne *hait,* on *n'espère,* on ne *craint* qu'en conséquence d'une certaine *opinion.* Ainsi, la *pensée* étant le *premier principe* de tous les *mouvemens réfléchis,* celui *qui sait penser, règne visiblement ou invisiblement* sur tous ceux qui ne savent *que parler* ou *agir; il règne en petit sur ses semblables, comme le penseur suprême, qui voit la conclusion dans les prémisses, toutes les conséquences dans le principe, et tous les principes dans l'idée unique, qui réfléchit, par un seul rayon, l'image fidèle et complète de tout ce qui est, fut, sera ou peut être,* règne sur l'univers entier qu'il enfante éternellement, d'une seule pensée.

nature des choses, et les autres, *la nature humaine* : et ceux qui parviennent à résoudre les énigmes de l'une ou de l'autre espèce, obtiennent aussi l'un ou l'autre de ces deux prix ; *l'empire sur la nature*, ou *l'empire sur leurs semblables*. Le but propre et la fin dernière de la vraie philosophie, c'est de régner sur tous les êtres, sur les corps naturels, sur les remèdes, sur les machines, sur les animaux, les hommes, etc. quoique *l'école* (le troupeau des scholastiques) content d'un petit nombre de moyens, déja inventés, qu'il trouve sous sa main, et de quelques mots fastueux, néglige tout-à-fait les choses mêmes, et l'exécution qu'il semble quelquefois rejeter entièrement et dédaigner. Mais l'énigme proposée à *OEdipe*, et dont la solution le plaça sur le trône, avoit pour objet *la nature de l'homme*. En effet, tout homme qui a su approfondir la nature humaine, *peut toujours être l'artisan de sa propre fortune*, et est né pour le *commandement*. C'est une observation que

Virgile a faite, en indiquant *les talens* et *les arts* qu'il jugeoit *propres aux Romains*.

Et toi, Romain, souviens-toi que ton partage est de régner sur les nations; tels seront tes seuls talens et ta seule science.

Un autre fait qui s'applique, avec beaucoup de justesse, à cette dernière observation, c'est que *César-Auguste*, soit par hazard, soit à dessein, avoit fait graver sur son sceau la figure d'un *Sphinx* (1). Car il dut l'empire à sa profonde politique : durant le cours d'une longue vie, il sut résoudre, avec autant de promptitude que de justesse, un grand nombre *d'énigmes sur la nature humai-*

---

(1) Cette figure de *Sphinx*, ainsi appliquée sur tous les ordres qu'il donnoit, sembloit crier à l'univers : *Tu as appartenu au plus hardi ; actuellement tu appartiens au plus fin.* Mais *Auguste* avoit oublié que, *pour être vraiment fin, il faut se garder de le paroître, et quelquefois même avoir l'air d'un sot.*

ne : et ces énigmes, dans une infinité d'occasions, étoient si importantes, que, s'il n'en eût trouvé la solution sur-le-champ, il eût été perdu presque sans ressource. La fable ajoute que le corps du *Sphinx* vaincu fut mis sur un *âne*, addition très judicieuse ; car, lorsque les vérités les plus abstruses sont une fois bien éclaircies et ensuite publiées, *l'esprit le plus médiocre* est en état de les comprendre, de les saisir, et, en quelque manière, de les *porter*. Une autre circonstance qu'il ne faut pas oublier, c'est que ce même homme qui fut vainqueur du *Sphinx avoit les pieds enflés,* et peu d'aptitude pour la course. En effet, lorsque les hommes veulent résoudre les *énigmes* du *Sphinx,* leur précipitation et leur impatience leur fait manquer la solution ; et alors le *Sphinx* demeurant victorieux, ils éprouvent ce *tiraillement* et ce *déchirement d'esprit* qui est l'effet ordinaire des disputes auxquelles ils se livrent ; au lieu de régner par les *œuvres et les effets,* (comme ceux qui savent endurer les longueurs d'une méditation soutenue) (1).

XXVI. *Proserpine, ou l'esprit.*

Pluton, suivant les poëtes, après ce partage mémorable de l'univers, eut pour

---

(1) Voici une autre explication de la dernière partie de cette fable : Tout homme qui est continuellement occupé à chercher *le mot des énigmes du Sphinx*, est nécessairement *très sédentaire;* et l'on ne peut devenir savant qu'en *méditant* et *écrivant* beaucoup ; ce qui suppose *une vie peu active,* du moins *dans l'automne de la vie.* Pour exceller dans la *théorie,* il faut se résoudre à être inférieur à beaucoup d'autres dans la *pratique;* et ce qu'on gagne d'un côté, on le perd de l'autre. Trop souvent *un sublime génie n'est qu'un homme qui s'est crevé l'œil droit, pour mieux voir de l'œil gauche, qui a la vue longue et les jambes courtes;* c'est un *OEdipe.* Un auteur de ces derniers temps, écrivain valétudinaire et morose, a prétendu que *l'objet* de cette fable n'étoit pas la *science,* mais la *femme,* prise en général, qui, selon lui, *a des graces et des griffes,* qui est fort douce pour tout le genre humain, excepté pour ceux qui la contrarient, *souris, la veille des noces,*

son lot *l'empire des enfers*. Désespérant d'obtenir en mariage une déesse, par la douceur de ses discours, de ses procédés et de ses manières, il ne vit d'autres moyens que le *rapt,* pour satisfaire ses desirs et se procurer une épouse ; en con-

---

chute le lendemain. Il ajoute que les demi-savans, enflés de ce peu de science qu'ils ont acquis, le débitent à tout propos, et se jettent, pour ainsi dire, sur les passans, leur proposant des questions difficiles, pour les embarrasser, pour disputer avec eux, les mettre *à quia,* et les humilier; mais que tôt ou tard ces demi-savans rencontrent un homme vraiment savant qui, en deux mots, les réduit au silence et tue leur réputation usurpée ; enfin l'auteur en question dit que la science, tant qu'elle reste oisive dans la tête des savans, est peu dangereuse; mais que, devenue active dans la tête des praticiens, et sur-tout des praticiennes auxquelles on l'a communiquée, elle devient alors un instrument de leurs passions et souvent une arme meurtrière. Ainsi parle cet auteur; mais notre santé prospère et notre gaieté habituelle ne nous permettant pas d'adopter l'injurieuse explication de ce sombre écrivain, nous croyons devoir nous en tenir à celle de Bacon.

séquence, ayant épié l'occasion, il enleva *Proserpine*, fille de *Cérès*, et d'une rare beauté, tandis qu'elle cueilloit des fleurs de *Narcisse*, dans les prairies de la Sicile. Aussi-tôt qu'il se fut saisi d'elle, il la mit sur son char et l'emmena dans les enfers. Elle y fut traitée avec le plus grand respect, et y reçut les honneurs et le titre de *reine du sombre empire*. *Cérès*, ne voyant plus reparoître sa fille, tomba dans la plus profonde affliction; et, ayant allumé un flambeau, elle se mit à parcourir toute la terre pour la chercher : mais toutes ses recherches furent inutiles, et ayant appris par hazard que sa fille avoit été emmenée aux enfers, elle alla aussi-tôt trouver *Jupiter*, dont elle obtint, à force d'instances et de larmes, que Prosepine lui fût rendue; mais à condition que sa fille, depuis son arrivée dans les enfers, n'auroit encore rien mangé, condition qui rendit cette grace inutile à la mère ; car on sut que *Proserpine* avoit avalé *trois grains de grenade*. Cependant *Cérès* ne perdit pas encore toute espérance ; elle renouvella ses prières et ses larmes qui ne furent pas sans effet; et il fut décidé que *Proserpine* passeroit alternativement six mois de l'année avec son époux, et les six autres mois avec sa mère. Dans la suite, *Thésée* et *Pirithoüs* furent assez téméraires pour vouloir l'enlever à son époux. Durant leur expédition aux enfers, ils s'assirent sur une pierre pour se reposer; mais ensuite, quand ils voulurent se lever, ils ne le purent et y demeurèrent éternellement assis. Cependant *Proserpine* continua de régner dans les enfers, et, en sa considération, *Pluton* accorda aux mortels un grand privilège dont ils n'avoient pas encore joui : car, jusqu'à cette époque, tout homme qui descendoit aux enfers y restoit pour jamais. Mais on mit à cette loi une seule exception ; savoir, que tout mortel qui pourroit porter en présent à *Proserpine*, *le rameau d'or,* seroit ensuite maître de retourner sur la terre. Ce rameau, unique en son espèce, n'appartenoit à aucune espèce particulière d'arbre, d'arbrisseau, ou de plante; mais on le trouvoit comme le *gui* sur un arbre d'une autre espèce; il étoit caché dans une immense et épaisse forêt; et, dès qu'il étoit arraché, il en repoussoit aussi-tôt un autre.

La fable de *Proserpine* paroît avoir pour objet cet *esprit éthéré* (cette *substance pneumatique*), cet esprit vivifiant et fécondant, qui exerce son action dans le sein de la terre, qui est le principe du développement et de l'accroissement des végétaux, et dans lequel ils se résolvent après leur décomposition (1). Car les anciens désignoient par ce nom de *Proserpine*, cet esprit émané des cieux et

---

(1) S'il y a un *principe éthéré, fécondant et vivifiant*, il y a donc aussi une *matière inerte* par elle-même qui est fécondée et vivifiée par cet esprit. L'une de ces deux idées suppose l'autre. Ainsi, quand les corps se décomposent, ils ne se résolvent pas simplement en ce principe, comme le dit notre auteur, mais en deux espèces de résidus; savoir, en ce même principe, et en particules de matière *inerte*.

précipité de la sphère supérieure, lequel est renfermé et retenu dans le sein de la *terre*, représentée par *Pluton ;* hypothèse dont certain poëte donne ainsi une assez juste idée.

Soit que la terre, alors récemment détachée de la sphère supérieure, et comme neuve retînt encore les semences émanées du ciel, avec lequel elle avoit été naguère confondue.

Il est dit que cet esprit avoit été ravi par la *terre,* parce qu'on ne peut le retenir et le fixer dans les corps, par une opération lente et qui lui laisse le temps de s'exhaler, mais seulement en l'y renfermant brusquement, et en resserrant aussi-tôt les parties solides qui l'environnent : à peu près comme on ne peut mêler l'eau avec l'air, qu'en agitant ensemble, et très violemment, ces deux fluides : et c'est en effet, par ce moyen même, qu'ils se trouvent réunis dans *l'écume ; l'air* alors étant, pour ainsi dire, *ravi par l'eau.* C'est aussi avec raison qu'on ajoute, dans cette fable, que *Pro-*

serpine fut enlevée au moment où elle cueilloit des *fleurs de Narcisse*, dans les vallées ; car ce mot *Narcisse* signifie *stupeur*, ou *engourdissement ;* et les circonstances où l'esprit est le plus disposé à être enlevé par la matière terrestre, c'est lorsqu'il commence à se *coaguler* et à contracter une sorte d'*engourdissement*. C'est encore avec fondement que, dans cette fiction, le poëte attribue à *Proserpine* un honneur dont l'épouse d'aucun autre dieu n'a jamais joui. Je veux dire, celui d'être *la reine des enfers :* car c'est cet esprit dont nous parlons qui gouverne la matière, et qui fait tout dans ces régions souterraines ; *Pluton* y étant comme *stupide* (purement *passif*), et ne s'y mêlant de rien. Or, ce même esprit, *l'éther* ou les corps célestes, représentés ici par *Cérès*, font continuellement effort pour l'attirer à eux et s'en ressaisir. Quant à ce *flambeau des cieux*, ou à cette *torche ardente* que la fable met entre les mains de *Cérès*, elle désigne visiblement le *soleil*, dont la fonction est d'éclairer toute la surface de la terre ; et s'il étoit possible de recouvrer *Proserpine,* ce ne pourroit être que par le secours de cet astre ; cependant elle demeure fixée et comme confinée dans la région inférieure. Or, ces deux conventions *de Jupiter* et *de Cérès,* dont il est parlé ensuite, donnent une juste idée des causes de cette fixation. En effet, il n'est pas douteux que ces esprits, dont nous venons de parler, ne puissent être retenus par deux espèces de causes, dans une matière solide et terrestre : 1°. par toute cause qui *resserre les parties tangibles* des composés, et par le moyen de toute substance qui *obstrue leurs pores;* ce qui répond à *l'emprisonnement violent (de Proserpine).* 2°. Par l'addition d'un aliment de nature analogue à la sienne, genre de fixation représenté par le *séjour volontaire de Proserpine aux enfers.* Car, une fois que *l'esprit* renfermé dans un corps a commencé à s'emparer de sa substance et à s'en nourrir, il ne tend plus avec autant de force à s'exhaler, mais il y fixe son séjour comme dans le domaine qui lui est propre. Voilà quel est le sens de cette partie de la fable, où il est dit que *Proserpine* avoit *avalé quelques pépins de grenade :* autrement *Cérès*, en parcourant toute la terre, son flambeau à la main, auroit pu dès long-temps la recouvrer et l'emmener avec elle. Car l'esprit qui réside dans les *métaux* et autres substances minérales, peut y être fixé et retenu principalement par *la solidité de la masse :* au lieu que ceux qui sont renfermés dans les plantes et les animaux, sont logés dans des corps *très poreux,* où ils trouvent une infinité *d'issues* par lesquelles ils s'échapperoient bientôt, s'ils n'y étoient, pour ainsi dire, volontairement fixés par cet aliment qu'ils y trouvent. Le second accord, ou traité, en vertu duquel *Proserpine* doit demeurer six mois avec son époux, et six autres mois avec sa mère, n'est qu'un ingénieux emblême *de la distribution de l'année ;* cet esprit qui est répandu dans la masse du globe terrestre, restant, durant les six mois d'été, dans la région supérieure, où il opère le développement des végétaux, puis retournant dans le sein de la terre, où il reste fixé durant les six mois d'hiver.

Pour ce qui est de la téméraire entreprise, formée par *Thésée* et *Pirithoüs*, pour enlever *Proserpine*, voici ce qu'elle signifie. Ces esprits subtils qui se portent de la région céleste vers la terre, où ils se logent dans une infinité de corps, au lieu de pomper l'esprit souterrain, de se l'assimiler, de s'en emparer et de l'entraîner avec eux, en s'exhalant, se coagulant dans ces corps, et ne retournent plus dans la région céleste; en sorte qu'ils augmentent ainsi le nombre des sujets de *Proserpine*, et restent soumis à son empire.

Quant au *rameau d'or*, il nous seroit difficile de soutenir les violens assauts des *chymistes* (des *alchymistes*), s'ils nous attaquoient sur ce point; car ils ont une si haute idée de leur *pierre philosophale*, que, lorsqu'ils l'auront trouvée, outre ces *montagnes d'or* qu'ils nous promettent, et qu'alors ils nous donneront, la *restauration complète du corps humain*, et de tout autre corps, en sera aussi le fruit (1); mais nous sommes intimement persuadés que toute leur théorie, sur ce double sujet, est dénuée de fondement, et nous soupçonnons même que leur pratique est également illusoire. Ainsi, laissant de côté cette *pierre merveilleuse*, et ceux qui la cherchent, nous nous contenterons d'exposer ici notre sentiment sur la dernière partie de

---

(1) Les deux choses que les hommes aiment le plus tendrement sont *la vie* et *l'argent*. Ainsi, comme nous desirons également ces deux choses, il est clair que nous nous procurerons un jour l'une et l'autre par un seul et même moyen; savoir, par la *pierre philosophale*, quand nous l'aurons trouvée. Mais, lorsqu'à force *de convertir du cuivre en or*, nous serons parvenus à rendre le dernier de ces deux métaux *beaucoup plus commun que le premier*, comme à cette heureuse époque le *cuivre* sera devenu beaucoup *plus précieux que l'or*, alors nous tâcherons *de convertir tout notre or en cuivre;* et tel sera le produit net de ce grand art, qui abandonne les *choses* pour s'occuper des *signes*.

cette fable que nous interprétons ; plus nous méditons sur une infinité d'allégories des anciens, plus nous nous persuadons qu'ils ne regardoient point la *conservation et la restauration complète des corps,* comme des choses *impossibles* (à l'homme), mais seulement comme des choses difficiles, et placées hors des routes battues. C'est même ce qu'ils paroissent faire entendre, sous le voile de l'allégorie, dans cet endroit que nous expliquons, attendu qu'ils ont supposé que le *rameau d'or* se trouvoit *dans une immense et épaisse forêt ;* ils supposoient aussi que ce *rameau* étoit d'*or,* parce que ce métal est l'*emblême* de la *durée.* Enfin, ils disoient que ce rameau étoit comme greffé sur un arbre d'une autre espèce, pour faire entendre qu'on ne doit pas se flatter de pouvoir obtenir des effets de ce genre, par le moyen de quelque drogue facile à composer, ou par quelque procédé simple et naturel, mais par quelque procédé extraordinaire et à force d'art.

XXVII. *Les Sirènes, ou la volupté.*

On a de tout temps appliqué la fable des *sirènes* aux dangereux attraits de la *volupté*; mais, dans l'application qu'on en a faite jusqu'ici, et qui est assez juste quant au fond, on n'a saisi que ce qui se présentoit à la première vue. Cette sagesse des anciens peut être comparée à des *raisins mal foulés*, et dont on a exprimé quelques sucs, en y laissant ce qu'il y avoit de meilleur.

Les *sirènes* étoient filles d'*Acheloüs* et de *Terpsichore*, une des *neuf muses*. Dans les premiers temps, elles eurent des *ailes*; mais ayant fait aux *muses* un téméraire défi, ces ailes leurs furent ôtées. De ces plumes qui leur furent arrachées, les muses se firent des espèces de *couronnes*, en sorte que, depuis cette époque, elles ont toutes des ailes à la tête, à l'exception d'une seule; savoir, celle qui étoit *la mère des sirènes* : ces *sirènes* habitoient certaines isles de l'aspect le plus riant; lorsque, de la hauteur où elles se tenoient ordinairement, elles appercevoient des vaisseaux, elles s'efforçoient de séduire les navigateurs par leurs chants mélodieux, tâchant d'abord de les engager à s'arrêter, puis de les attirer jusqu'à elles ; et lorsqu'elles y réussissoient, après s'être saisies d'eux, elles les égorgeoient ; leur chant n'étoit rien moins qu'uniforme et monotone, mais elles savoient en varier le *mode*, le *ton* et la *mesure*, pour l'approprier au naturel et au goût de ceux qu'elles vouloient séduire ; par le moyen de cet art perfide, elles avoient fait périr un si grand nombre d'hommes, que la surface de ces isles qu'elles habitoient, paroissoit dans l'éloignement d'une blancheur éclatante, à cause de ces ossemens dont elles étoient couvertes. Cependant on pouvoit se garantir de ce fléau par deux genres de moyens, dont l'un fut employé par *Ulysse* et l'autre par *Orphée*. Le premier ordonna à tous ses compagnons de se boucher les oreilles avec de la *cire*. Pour lui, voulant faire l'épreuve des effets de ce chant, mais sans courir aucun risque, il se fit attacher au mât de son vaisseau, en défendant à tous ses compagnons, sous des peines très sévères, de le détacher, dans le cas même où il le leur ordonneroit. Quant à *Orphée*, jugeant cette précaution inutile, il se mit à chanter les louanges des dieux, en s'accompagnant de sa lyre, et d'un ton si élevé, que sa voix couvrant tout-à-fait celle des Sirènes, celle-ci ne produisit plus aucun effet.

Cette fable se rapporte visiblement aux *mœurs* ; et quoique le sens de cette allégorie soit facile à saisir, elle n'en est pas moins ingénieuse. Les *voluptés* ont pour *cause* principale l'*abondance* (1), l'affluence des biens, avec un sentiment de *joie* et d'*expansion*. Lorsque les hom-

---

(1) La *volupté* et la *joie* sont réciproquement effet et cause l'une de l'autre : quand on *jouit*, on *se réjouit*, et quand on *se réjouit*, on *jouit*. Mais la *joie* a pour triple cause *la jouissance actuelle*, l'*espérance* qui l'anticipe, et le *souvenir* qui la ressuscite ; car l'homme a très heureusement et très malheureusement pour lui la faculté de *tripler* ainsi tous ses *plaisirs* et toutes ses *peines*.

mes étoient encore plongés dans la plus profonde ignorance, ils cédoient aux premières séductions, et les voluptés, qui alors avoient des ailes, les entraînoient rapidement ; mais dans la suite la science et l'habitude de réfléchir qui les mit en état de réprimer du moins les premiers mouvemens de l'ame, et de prévoir les conséquences de ces plaisirs auxquels ils étoient tentés de se livrer, ôta aux *voluptés leurs ailes ;* heureux effet des sciences, qui donna aux muses plus de relief et de dignité ; car, lorsqu'on se fut assuré, par l'exemple de quelques ames fortes, que la *philosophie* pouvoit inspirer le mépris des voluptés, elle parut quelque chose de sublime et d'élevé, c'est-à-dire qu'elle parut capable d'élever l'ame au-dessus du limon terrestre auquel elle sembloit être restée attachée jusqu'à cette époque, et de donner, pour ainsi dire, *des ailes à la pensée humaine,* dont le siège est la tête. Cette muse qui, suivant la fable, étant mère des sirènes, fut la seule qui n'eut point d'ailes, représente ces sciences et ces arts frivoles qui n'ont pour objet que le simple *amusement*. Tels étoient ceux dont *Pétrone* faisoit ses délices, et auxquels il attachoit tant de prix, qu'après avoir reçu sa sentence de mort, et près de la subir, il voulut goûter encore quelques plaisirs ; et comme celui que procurent les *lettres*, faisoit partie des siens, au lieu de méditer quelque ouvrage qui pût lui inspirer de la fermeté, il ne voulut lire que des poésies légères, dans le goût de celles-ci.

Vivons, aimons, ô ma Lesbie! crois-en ton amant; ces maximes sévères que certains vieillards chagrins rebattent sans cesse, ne valent pas un denier (le plus léger plaisir.)

Et celle-ci : *Abandonnons à des vieillards le soin de chercher quels sont nos droits respectifs, de pâlir sur le juste et l'injuste, et de garder tristement l'immense dépôt des loix.*

En effet, les productions de ce genre semblent vouloir arracher aux *muses* les plumes dont leurs couronnes sont formées, pour les rendre aux *sirènes* (1).

Il est dit, dans cette fable, que les *sirènes* faisoient leur résidence dans des *isles,* parce qu'en effet les voluptés cher-

---

(1) Je suis persuadé que, si l'on ôtoit cette couronne à la *muse ennuyeuse,* pour la donner à *la muse qui amuse,* et qui mérite ainsi le nom qu'elle porte, on feroit justice. Quand on parcourt un livre amusant, on est bien sûr de s'amuser; au lieu qu'en méditant un de ces livres *ennuyeux,* qu'on croit *utiles,* on n'est pas certain qu'on en tirera parti, puisqu'on ne l'est pas même de vivre assez long-temps pour en achever la lecture. L'auteur amusant *donne* à ses lecteurs le *plaisir* que l'auteur utile ne fait que *promettre.* Une folie gaie qui nous distrait des maux innombrables de cette vie, et qui les efface pour nous, en nous empêchant d'y penser, est cent fois plus utile et plus sage que la triste sagesse qui les *compte sans les guérir, et qui les multiplie pour nous, en les comptant.* Un fou divertissant est un très grand philosophe ; car c'est de *se divertir* qu'il s'agit; et le *plaisir* est infiniment *utile,* puisque le *plaisir* est la *matière première du bonheur* qui est le *but;* la *sagesse* n'est que le *moyen;* et c'est un *moyen* qui *manque* presque toujours le *but;* car les sages ne sont pas plus heureux que les fous.

chent ordinairement des lieux écartés, et tâchent de se dérober aux regards des hommes. Le chant des *Sirènes,* son pernicieux effet, et cet art perfide avec lequel elles le varioient, sont des choses dont l'application est assez connue, et qui désormais n'ont plus besoin d'explication. Mais la *blancheur* de ces *isles,* occasionnée par la grande quantité d'*ossemens* dont elles étoient couvertes, est une circonstance qui renferme un sens plus caché et plus profond. Cette partie de la fable paroît destinée à faire entendre que les exemples, aussi frappans que multipliés, des malheurs auxquels on s'expose en se livrant trop aux voluptés, sont des avertissemens presque toujours insuffisans et très rarement écoutés. Reste à expliquer cette partie de la fable qui indique les *remèdes,* et qui, bien que facile à expliquer, n'en est pas moins judicieuse, et ne mérite pas moins de fixer notre attention. Or, ces *préservatifs* contre le *poison* de la *volupté* se réduisent à *trois;* la *philosophie* fournit les deux premiers, et la *religion* le troisième. Le premier est de remonter à la source du mal et de le prévenir, en évitant avec le plus grand soin, toutes les occasions tentatives et les objets trop séduisans, comme le firent les *compagnons d'Ulysse*, conformément à l'ordre de leur chef: remède toutefois qui ne convient et qui n'est absolument nécessaire qu'aux ames foibles et vulgaires, représentées dans cette fable par les *compagnons d'Ulysse*; car les ames plus élevées, armées d'une ferme résolution, peuvent braver la volupté, et même s'exposer impunément aux tentations les plus dangereuses; disons plus, elles aiment à faire ainsi l'épreuve de leur vertu et l'essai de leurs forces; elles ne dédaignent même pas de s'instruire de tous ces détails frivoles qui concernent les voluptés, non pour s'y livrer, mais seulement pour les mieux connoître. C'étoit ce que *Salomon* disoit de lui-même, après avoir fait l'énumération très détaillée de tous les plaisirs dont il jouissoit ou pouvoit jouir; énumération qu'il termine ainsi: *Et la sa-*

gesse n'a pas laissé de demeurer avec moi. Ainsi les héros de cette classe ont assez de force pour demeurer, en quelque manière, immobiles au milieu des objets les plus séduisans, et s'arrêter sur le penchant même du précipice; la seule précaution qu'ils prennent, à l'exemple d'*Ulysse*, c'est d'interdire à ceux qui les environnent les conseils pernicieux, et ces lâches complaisances qui amollissent et ébranlent l'ame la plus ferme; mais le plus puissant et le plus sûr de tous les remèdes, c'est celui d'*Orphée*, qui, en chantant les louanges des dieux, sur un ton très élevé, couvrit la voix enchanteresse des Sirènes, et en prévint ainsi les dangereux effets; car les profondes méditations sur les choses divines l'emportent sur les voluptés, non seulement par leurs puissans effets, mais même par les plaisirs aussi vifs que purs qui en dérivent.

Fin de la sagesse des anciens.

DES PRINCIPES

ET DES ORIGINES,

Ou explication des fables de Cupidon et du Ciel, servant de voiles aux systêmes de Parménide, de Télèse et de Démocrite.

CE que les différens poëtes de l'antiquité ont dit de *Cupidon* ou de l'*Amour*, ne peut être appliqué à une seule et même divinité. Je dirai plus : ils supposent *deux Cupidons*, et donnent le même nom à deux divinités très distinctes, entre lesquelles cependant ils mettent une telle différence, qu'ils regardent l'un comme le plus ancien des dieux, et l'autre comme le plus jeune. Quoi qu'il en soit, c'est de la plus ancienne de ces deux divinités qu'il s'agit principalement ici. Cela posé, les poëtes prétendent que cet

Amour dont nous parlons, est le plus ancien de tous les dieux, et par conséquent de tous les êtres, à l'exception du *chaos*, qui, selon eux, n'est pas moins ancien que lui. Les poëtes, en parlant de ce même Amour, supposent toujours qu'il n'eut point de père. Ce fut lui qui, par son union avec le *ciel*, engendra les dieux et tous les autres êtres. Quelques-uns cependant prétendent qu'il provint *d'un œuf couvé par la nuit* (1). Quant à ses *attributs*, ils se réduisent à quatre principaux. Ils le supposent, 1°. éternellement *enfant*, 2°. *aveugle*, 3°. *nu*, 4°. *armé d'un arc et de flèches*. La *force*, qui lui est propre, et qui le caractérise, est la principale cause de l'*union* et de la *combinaison* des corps. On lui met en main les clefs de la terre, de la mer et des cieux. L'autre *Cupidon*, suivant les poëtes, est le plus jeune des dieux. On

---

(1) Voilà *l'œuf de Milton*. L'univers, comme de raison, étoit renfermé dans un œuf qui, selon toute apparence, étoit un peu gros.

lui donne tous les attributs du plus ancien, auxquels on en ajoute d'autres, qui lui sont propres, et qui le caractérisent.

Cette fable paroît indiquer, sous le voile d'une courte allégorie, un *système sur les principes des choses et sur les origines du monde,* système qui diffère peu de celui que *Démocrite* a publié, et qui toutefois nous paroît moins hazardé, mieux purifié de suppositions gratuites, et plus conséquent; car, quoiqu'à parler en général, ce philosophe ne manque ni d'exactitude, ni de pénétration, cependant, outre qu'il se livroit trop à ses premières idées, et ne savoit point s'arrêter, il ne se soutenoit pas assez, et son système est quelquefois incohérent; mais quoique ces assertions mêmes qu'on découvre sous le voile de la fable que nous allons expliquer, soient un peu moins vagues et moins hazardées, elles ne laissent pas d'avoir le défaut commun à toutes celles que produit l'entendement humain, lorsqu'il s'abandonne à son mouvement naturel, et prend un essor téméraire, au lieu de marcher pas à pas à la lumière de l'expérience ; car les philosophes des premiers siècles étoient aussi sujets à de tels écarts. Nous devons observer, en premier lieu, que toutes ces assertions et ces opinions avancées par les anciens philosophes, et rapportées dans cet exposé, ne sont appuyées que sur la seule autorité de la raison humaine, et sur le témoignage des sens dont les oracles ont été, avec raison, rejetés depuis l'époque, désormais assez ancienne, où la lumière du Verbe divin a révélé aux mortels des vérités plus utiles et plus certaines.

Cela posé, ce *chaos*, qui étoit aussi ancien que *Cupidon*, représente la *masse* et la *totalité de la matière confuse*, et *Cupidon* représente cette *matière* même, ainsi que *sa nature* et *sa force primordiale* (1) ; en un mot, les principes des

---

(1) Notre auteur, en expliquant cette autre fable de *Cupidon*, qui fait partie de la collection

choses, on le suppose absolument *sans père*, c'est-à-dire *sans cause*; car la *cause* d'un *effet* en est, pour ainsi dire, le *père* (la mère), et rien n'est plus commun que cette métaphore. Or, la matière première, ou la force et l'action qui lui est propre, ne peut avoir une cause dans la nature (excepté Dieu; exception qu'il faut toujours faire en pareil cas), *rien n'ayant existé avant elle*, elle ne peut être regardée comme un *effet* : et, comme elle est ce qu'il y a de plus universel dans la nature, elle n'a point non plus de *genre* ni de *forme* (de différence spécifique). En conséquence, quelle que puisse être cette matière avec sa force, ou son action, c'est une chose *positive* et absolument *sourde* (unique en son espèce et en son genre, sans relation, et incom-

---

précédente, dit que cette divinité représente *la force primordiale de la matière* et *le principe de son mouvement;* au lieu que, dans celle-ci, il prétend que *Cupidon* représente et *la matière et sa force primordiale.*

parable). Il faut la prendre telle qu'on la trouve, et l'on n'en peut juger à l'aide de quelque *prénotion* fondée sur l'*analogie*. S'il étoit possible de connoître sa *nature* et son *mode d'action*, on ne pourroit parvenir à cette connoissance par celle de sa *cause ;* étant, après Dieu, *la cause de toutes les causes,* elle est elle-même *sans cause,* et par conséquent *inexplicable*. Car, dans cette recherche des causes naturelles, il est un terme où il faut savoir s'arrêter ; et demander, ou chercher soi-même quelle est la cause d'une force primordiale, ou d'une loi positive de la nature ; ce n'est pas moins manquer de philosophie, que de ne point demander ou chercher celles des choses qui, étant subordonnées à d'autres, sont susceptibles d'explication. Ainsi c'est avec fondement que les sages de l'antiquité supposent que *Cupidon* est *sans père,* c'est-à-dire *sans cause*. Or, cette observation sur laquelle nous insistons ici, n'est rien moins qu'indifférente, j'oserai même dire qu'il en est peu d'aussi importante ; car rien n'a plus contribué à dénaturer la philosophie, que cette recherche, qui a pour objet les *père et mère de Cupidon ;* je veux dire que la plupart des philosophes, au lieu d'admettre purement et simplement les résultats de l'observation, relativement aux *principes des choses,* de les prendre, pour ainsi dire, tels que la nature même les présente, de les adopter comme une sorte de *doctrine positive* (qu'on n'est pas obligé de prouver, et dont on ne doit pas demander la preuve) et comme des espèces *d'articles de foi,* fondés sur l'expérience même, ont voulu les déduire de certaines observations purement grammaticales, des règles de la dialectique, de petits *corollaires mathématiques,* des notions communes, et d'autres sources semblables, qui ne sont, à proprement parler, que des produits diversifiés des écarts de l'esprit humain ; petites ressources auxquelles il s'accroche, lorsqu'il se jette hors de la nature.

Ainsi tout homme qui étudie la nature, doit avoir constamment présente à l'esprit cette vérité : que *Cupidon n'a ni père ni mère ;* vérité qui l'empêchera de se perdre dans des conjectures aussi vagues qu'inutiles, et de *prendre les mots pour les choses.* Lorsque l'esprit humain veut généraliser, il va toujours trop loin ; il abuse de ses propres forces, et, après avoir passé le terme que la nature lui a marqué, il retombe dans ses idées les plus familières, et revient ainsi au point d'où il est parti. Car, vu la foiblesse et les limites naturelles de l'entendement, les idées qui lui sont les plus familières, celles, dis-je, qu'il peut se représenter aisément, concevoir toutes ensemble, et lier par des rapports, étant ordinairement celles qui le frappent et l'affectent le plus, il arrive de-là que, lorsqu'il est parvenu à ces propositions universelles auxquelles l'expérience même l'a conduit, il ne veut pas s'en contenter et s'y arrêter ; mais alors cherchant quelques vérités plus connues que celles qu'il veut absolument expliquer, il se prend à ces propositions qui l'ont le plus affecté ou séduit, et s'imagine y trouver des explications plus satisfaisantes et des démonstrations plus rigoureuses que dans ces propositions universelles qu'il auroit dû admettre purement et simplement.

Ainsi, nous avons désormais prouvé que l'*essence primitive et la force primordiale de la matière n'a aucune cause, et qu'elle est,* par cela même, *inexplicable.* Actuellement quel est le *mode* de cette chose dont il ne faut pas chercher la *cause,* et qui en effet n'en a point? C'est ce qu'il nous reste à chercher : or, ce *mode* est lui-même fort difficile à découvrir, et c'est un avertissement que l'auteur même de cette allégorie nous donne assez ingénieusement, en supposant que *Cupidon provint d'un œuf couvé par la nuit;* et tel est aussi le sentiment du poëte sublime, dont les écrits font partie des livres saints; il s'exprime ainsi à ce sujet : *Dieu a fait chaque chose pour être belle en son temps, et il a livré le monde à leurs disputes, de manière toutefois que l'homme ne peut découvrir l'œuvre que Dieu a exécutée depuis le commencement jusqu'à la fin.* Car, tandis que toutes les parties de l'univers sont dans *un flux et reflux perpétuel, l'essence primitive de la matière et la loi sommaire de la nature subsistent éternellement,* loi qui paroît désignée par cette phrase : *L'œuvre que Dieu a exécutée depuis le commencement jusqu'à la fin.* Cependant la notion de cette force que Dieu lui-même a imprimée aux particules primitives et les plus déliées de la matière, et dont l'action multipliée ou réitérée opère toutes les variétés et les variations des composés, cette notion, dis-je, peut frapper légèrement et effleurer la pensée humaine ; mais elle n'y pénètre que très difficilement (1). Si l'on applique ce que la

---

(1) Mais on peut, si l'on veut, donner *une douzaine de noms différens* à cette force, les arranger de différentes manières et perdre son temps

fable dit de *l'œuf couvé par la nuit* aux démonstrations par le moyen desquelles on peut *mettre au jour Cupidon* (*faire éclorre l'œuf de la nuit*), *ou la force primordiale de la matière,* cette application aura beaucoup de justesse ; car les conclusions qu'on tire par le moyen des *propositions affirmatives,* peuvent être regardées comme *les enfans de la lumière;* au lieu que celles qu'on déduit par le moyen *des négatives* (1), semblent

---

à ce jeu (comme le fait ici notre auteur), en reprochant à d'autres philosophes de faire précisément ce qu'on fait soi-même. *La force, l'essence, la loi sommaire , la forme , l'énergie, l'appétit, le stimulus , la passion catholique, l'affection ,* etc. que nous apprennent tous ces mots ? Ils nous apprennent que nous n'avons rien appris sur ce sujet, et que nous voulons absolument parler de ce que nous ignorons ; c'est parce que nous *manquons d'idées* que nous ne manquons pas de *mots* , et que ces mots nous servent à remplir tous les vuides de notre science.

(1) En excluant successivement toutes les espèces de qualités, de tendances, de mouvemens, etc.

n'être que les *enfans des ténèbres et de la nuit*. C'est avec raison que ce *Cupidon* est représenté par *l'œuf que la nuit fait éclorre en le couvant*. Car, s'il est possible d'acquérir quelques connoissances sur cette force qu'il représente, ce ne peut être que par le moyen des *exclusions* et des *négatives*. Or, toute preuve qui procède par la voie des *exclusions*, est une sorte d'*ignorance* ou de *nuit*, du moins par rapport à ce qu'elle renferme, qu'on ne voit pas encore, et qu'on ne découvrira qu'à la fin. *Démocrite* avoit donc raison de dire que les atomes, ou les *semences de toutes choses*, et les forces qui leur sont propres, ne ressemblent à rien de ce qui peut tomber sous les sens ; mais qu'ils sont tout-à-fait *invisibles, impalpables*, etc. C'est ainsi que *Lucrèce*, qui n'a fait que revêtir du langage poétique le système de ce philosophe, les caractérise.

---

qui paroissent être et ne sont pas capables de produire la chose à expliquer.

Ils ne ressemblent ni au feu, ni à l'air, ni à l'eau, ni à la terre, ni à rien de ce qui peut tomber sous les sens.

Et en parlant de la force inhérente à ces atomes, il dit :

La nature des élémens d'où résultent toutes les générations, doit aussi être cachée, et échapper aux sens, afin qu'aucune force ne puisse prévaloir contre la leur, ni faire obstacle à leur action.

Ainsi les atomes ne sont semblables, ni à des *étincelles* de *feu*, ni à des *gouttes d'eau*, ni à des *bulles d'air*, ni à des *grains de poussière*, ni *aux particules déliées de l'esprit* (des substances pneumatiques ou aériformes), ni à celles de l'*éther;* et leur force ou leur *forme* (leur essence, leur *mode essentiel*, ce qui *les constitue*) n'est ni la *pesanteur*, ni la *légèreté*, ni le *chaud* ou le *froid*, ni la *densité* ou la *rareté*, ni la *dureté* ou la *mollesse*, ni aucune autre de ces qualités ou de ces forces qu'on observe dans les composés, et dans les corps d'un plus grand volume; ces qualités dont nous venons de parler, et toutes celles du même genre, étant elles-mêmes *composées*. De même, *le mouvement naturel de l'atome* n'est ni ce mouvement de *descension* (chûte), qualifié par le vulgaire de *mouvement naturel*, ni le mouvement en sens contraire, que Démocrite appelle *mouvement de plaie*, et occasionné par une *moindre pesanteur spécifique*, ni le mouvement d'*expansion* ou de *contraction*, ni le mouvement d'*impulsion* et de *liaison*, ni le mouvement *circulaire* des corps célestes, ni aucun autre de ces mouvemens qu'on observe dans les corps. Cependant, non-seulement c'est dans la substance même des atomes que se trouvent les élémens de tous les corps; mais leur mouvement et leur force est aussi le principe de toutes les forces et de tous les mouvemens (1). Néanmoins le système de *Démocrite*

---

(1) Ce système paroît absurde, à la première vue; car, si les mixtes sont composés d'atomes,

paroît différer sur ce point (je veux dire par rapport au mouvement des atomes, comparé à celui des corps d'un plus

---

peut-on dire, les composés ne peuvent différer de leurs élémens, par leur *substance*? Il n'y a entre les *élémens* et les *composés* d'autre différence que celle qui se trouve entre les *parties* et le *tout*; et la *substance*, les *forces* et les *mouvemens* des *corps mixtes* sont *composés* de la *substance*, des *forces* et des *mouvemens* des *élémens composans*. Mais la vérité est que, dans ces mixtes, se trouvent souvent *combinés* des *forces* ou des *mouvemens opposés*, qui se *détruisent* en totalité ou en partie; d'où résultent des *neutralisations*. Notre auteur devoit ajouter que, dans les composés où les *élémens d'une seule espèce prédominent*, la force ou le mouvement du *tout* est *semblable* à celui des *parties*. Quoi qu'il en soit, il paroît que *le chancelier Bacon* n'a pas senti, comme *Leibnitz*, la nécessité de donner une bonne définition du mot *substance*; car ce mot n'a certainement pas le même sens dans les deux phrases suivantes : *Y a-t-il deux substances dans l'univers, ou n'y en a-t-il qu'une seule? Les propriétés des différentes substances dépendent de celles des élémens dont elles sont composées, et du mode de leur combinaison.* Dans la première phrase, le mot

grand volume), et s'éloigner un peu de celui qui se trouve renfermé dans cette fable ; et non-seulement le sentiment de *Démocrite* diffère de celui qui est allégoriquement figuré par cette fiction, mais ce philosophe diffère aussi de lui-même, et ses autres suppositions sont presque en contradiction avec les premières. En effet, il auroit dû attribuer aux atomes un mouvement différent de ceux des

---

substance désigne *l'élément* ou *les élémens* de l'univers ; et dans la seconde, *les composés* ou les *mixtes* ; n'est-il pas clair que, pour savoir s'il y a *une ou plusieurs substances* dans l'univers, il faudroit d'abord *savoir* ce que c'est qu'*une substance*, et qu'il faudroit de plus *connoître l'univers entier*, afin d'être assuré qu'il n'y a point, dans les parties de l'univers très éloignées de nous, des substances très différentes de celles qui existent dans la partie la plus voisine ? Or nous ne sommes pas en état de donner une bonne définition du mot *substance* ; cette définition est même *impossible*, et nous *connoissons infiniment peu cette partie infiniment petite de l'univers* où nous bavardons : nous ne sommes donc pas en état de résoudre cette question : *Combien y a-t-il de substances dans l'uni-*

corps composés, comme il leur avoit attribué une substance et des qualités ou forces différentes. Mais le mouvement de *descension* (de chûte) des corps *graves* (pesans) et celui d'*ascension* des corps *légers* (qu'il explique en supposant que les corps les plus pesans frappant les corps plus légers, et les forçant de leur céder la place, les forcent ainsi à se mouvoir de bas en haut) (1); ces

---

vers? Mais en attendant cette solution, qui ne viendra jamais, nous avons divisé les substances en deux espèces, savoir en *corps* et en *ames*, ou *esprits*, c'est-à-dire en *substances connues* et en *substances inconnues;* nous appellons *corps*, celles que nous *connoissons*, et *ames* ou *esprits*, celles que *nous ne connoissons pas*, division au fond très exacte, pourvu que nous nous rappellions que ce *nom*, par lequel nous désignons les *substances inconnues*, ne suffit pas pour les *bien connoître*, ni pour affirmer qu'elles sont *essentiellement différentes des substances connues*. Ainsi cette question que se propose ici notre auteur, est insoluble et par conséquent *oiseuse*.

(1) Ce système a beaucoup d'analogie avec celui des physiciens d'aujourd'hui, qui pensent,

deux mouvemens, dis-je, sont ceux qu'il regarde comme les seuls *mouvemens primitifs et naturels*, et que, d'après cette supposition, il attribue aux *atomes*. Mais le système renfermé dans la parabole est plus cohérent et plus conséquent; il suppose que les atomes et les composés diffèrent, à tous ces égards; savoir, par rapport à leurs *substances*, leurs *forces* et leurs *mouvemens respectifs*. De plus, cette allégorie nous fait entendre que ces *exclusions* dont nous avons parlé, ont *une fin*, *un terme* et *une mesure*, car *la nuit ne couve pas éternellement*. Si les recherches que l'homme peut faire sur la *nature de la divinité* ont cela de propre, qu'elles ne se terminent jamais par des propositions affirmatives, il n'en est

---

d'après *Newton* ou les *Newtoniens*, que *toutes les parties de la matière s'attirent réciproquement, que toutes pèsent vers quelque centre, et que les corps les plus denses se portant avec plus de force vers ce centre, que les corps rares, obligent ainsi ces derniers à se mouvoir en sens contraires, c'est-à-dire, du centre à la circonférence.*

pas de même de celles dont il est question ici. Car, dans celle-ci, après les *exclusions* et les *négations* convenables, on peut affirmer et établir quelque chose. Cet *œuf*, dis-je, après l'avoir *couvé* à propos et pendant un temps suffisant, on parvient à le *faire éclorre*; et non-seulement on le *fait éclorre*, mais on en fait sortir *le vrai Cupidon;* c'est-à-dire, qu'on peut extraire de l'*ignorance* (1), non-seulement quelque notion du sujet de la recherche, mais même *une notion claire et distincte*. Telle est l'idée qu'on peut se faire d'une recherche sur cette matière première, et qui paroît être la plus conforme au sens de la fable que nous expliquons. Il nous reste à parler de *Cupidon* lui-même, c'est-à-dire, de cette *matière première;*

---

(1) Notre auteur aime un peu trop à jouer sur le mot : ce n'est pas de *l'ignorance de la chose cherchée*, qu'on en *extrait la connoissance*, mais de la connoissance de ce qu'on ne doit pas lui attribuer; car, lorsqu'on *sait tout ce qu'elle n'est pas*, il devient *plus facile de savoir ce qu'elle est.*

et nous tâcherons, à l'aide des indications que nous donne cette fable, de répandre quelque lumière sur ce sujet. Nous n'ignorons pas toutefois que les opinions de ce genre paroissent étrangères et presqu'incroyables, qu'elles ne pénètrent que très difficilement dans les esprits; et c'est ce dont nous voyons un exemple frappant dans cette hypothèse de *Démocrite* sur les atomes. Comme elle étoit assez élevée au-dessus des notions vulgaires, il falloit un peu de pénétration et des méditations profondes sur la nature, pour l'entendre parfaitement : aussi le vulgaire, en l'interprétant à sa manière, la rendit-il ridicule; puis elle fut, en quelque manière, agitée et presque éteinte par le vent des opinions et des disputes que firent naître les autres philosophies. Cependant ce grand homme ne laissa pas d'exciter l'admiration de ses contemporains mêmes, qui le qualifièrent de *pentathlus* (1). Il fut, d'un con-

---

(1) *Athlète* capable de disputer le prix dans les

sentement unanime, regardé comme le plus grand physicien de son temps, et passa même pour une espèce de *mage* (de *sorcier*). Ce systême de *Démocrite* ne put être entièrement enseveli dans l'oubli, ou effacé, ni par les continuels assauts que lui livra la philosophie contentieuse d'*Aristote*, qui vouloit s'établir sur les débris de toutes les autres, et qui, à l'exemple des princes *ottomans*, croyoit ne pouvoir régner en sûreté qu'après avoir égorgé tous ses frères; enfin, qui se flattoit et se vantoit même de pouvoir délivrer la postérité de toute espèce de doute; ni par ce respect que s'attiroit la philosophie imposante et majestueuse de *Platon*. Mais, tandis que le *fracas* d'*Aristote* et l'*étalage de Platon* (1) faisoient valoir et mettoient en vo-

---

cinq genres de combats de la *gymnastique*; savoir, la *lutte*, la *course*, le *saut*, l'*exercice du disque* et celui de l'*arc* ou du *javelot*. Ce fut *Socrate* qui lui donna cette qualification.

(1) Ce jugement ne regarde que la *physique* de *Platon*, qui est en effet trop *poétique* pour être

gue dans les écoles, les systêmes de ces deux philosophes, celui de *Démocrite* étoit en honneur parmi ces sages qui aimoient à méditer dans le silence de la retraite. Il est également certain que, dans les siècles où la philosophie fut cultivée par les Romains, celle de *Démocrite* ne laissa pas de subsister et de plaire ; car, *Cicéron*, par exemple, ne parle jamais de ce philosophe sans en donner la plus haute idée ; et quelque temps après, un poëte dont les écrits sont parvenus jusqu'à nous, et qui, selon toute apparence, en parlant de *Démocrite*, se conforma à l'opinion reçue dans son siècle, en a fait le plus pompeux éloge.

Personnage, dit-il, *dont la profonde sagesse montre assez que les plus grands*

---

bonne : mais je ferai voir bientôt que la *morale* et la *politique de Platon* (le seul d'entre les philosophes qui ait eu la sagesse de considérer dans l'homme, *ce qu'il est, et ce qu'il peut devenir*, en un mot, le *vrai but* et les moyens applicables), sont très supérieures à celles du *chancelier Bacon*.

génies et les hommes dignes de servir de modèles aux autres, peuvent naître dans une contrée habitée par des hommes stupides, et où règne un air épais.

Ainsi ce ne furent ni *Aristote*, ni *Platon*, qui firent disparoître la philosophie de *Démocrite*, mais *Genseric*, *Attila*, et les autres barbares; car, la science humaine ayant, pour ainsi dire, fait naufrage, la philosophie d'*Aristote* et celle de *Platon*, semblables à des planches d'un bois léger et gonflé, surnagèrent et parvinrent jusqu'à nous, tandis que des productions plus solides couloient à fond, et étoient ensevelies dans un oubli presque total. La philosophie de *Démocrite* paroît mériter que nous la vengions de cet oubli; ce que nous ferons d'autant plus volontiers, qu'elle est appuyée sur l'autorité des siècles les plus reculés (1). Ainsi, en premier lieu,

---

(1) On doit être d'autant plus étonné de voir notre auteur préférer, en *physique*, les opinions des premiers siècles à celles des derniers, que la

la fable que nous expliquons *personifie Cupidon*, et lui *attribue* une *enfance éternelle*, des *ailes*, un *arc* et des *flè-*

---

physique ne pouvant faire des progrès, ni prendre un accroissement réel que par la multiplication et l'accumulation méthodique des expériences et des observations en ce genre, il semble que les derniers siècles qui peuvent profiter de toute l'expérience des siècles antérieurs, doivent être mieux instruits; mais ce n'est peut-être qu'un *préjugé*. Car, si les premiers siècles ont moins de connoissances, ils ont plus de *bon-sens*, et savent mieux *profiter* du peu *d'expérience* qu'ils ont; parce qu'ayant beaucoup de peine à se procurer les choses nécessaires à la vie, ils en sont presque uniquement occupés, et n'ont ni le *desir*, ni le *temps* de courir après des *bagatelles*; au lieu que les derniers siècles, qui se procurent aisément toutes les commodités et les douceurs de la vie, ont le *desir*, le *pouvoir* et le *temps* de s'occuper de choses *inutiles*: ils sont moins occupés *à se vêtir* qu'à faire *leur toilette*. Les premiers siècles sont, à cet égard, aux derniers, ce que les classes les plus pauvres de la société qui se trouvent dans une situation assez semblable à celle des premiers siècles, sont aux classes les plus riches, qui semblent profiter seules ou presque seules des inventions des derniers

ches, etc. tous attributs que nous allons expliquer en détail. Mais nous devons commencer par observer que cette ma-

---

siècles. On trouve moins d'esprit parmi les cultivateurs que parmi les habitans des villes, mais plus de *bon-sens,* comme l'a tant répété *J. J.* Les gens de la campagne sont moins savans que les habitans des villes, mais ils savent mieux faire usage de leur science, parce qu'ils n'étudient pas pour *briller,* mais pour *vivre,* et n'ont d'autre *livre* que la *nature,* ni d'*autre lunette* que leurs *yeux.* De plus, s'il est possible à l'homme de découvrir *les loix générales de la nature,* ce ne peut être qu'en observant, analysant, comparant et combinant les phénomènes que tout homme peut observer en tous temps et en tous lieux. Or, les philosophes des premiers temps, qui vivoient presque toujours en plein air, et dont la mémoire n'étoit chargée que de faits de cette espèce, en faisoient naturellement presque l'unique sujet de leurs méditations; et ce système qu'ils vouloient découvrir, ils l'ont découvert, du moins en partie, parce qu'ils le cherchoient où il falloit le chercher : au lieu qu'un physicien qui dédaigne les expériences ou les observations très *communes,* et ne veut que *briller,* cherche en vain le *système du monde* dans les *faits rares* et *étonnans* qui servent à *sa toilette scientifique.*

tière première dont parlent les anciens, et qu'ils regardent comme le *principe commun de tous les corps*, est une *matière revêtue d'une forme* douée de plusieurs qualités déterminées ; car cette autre matière, abstraite, dépouillée de toute qualité déterminée, et purement *passive*, que d'autres philosophes ont supposée, n'est qu'un produit fantastique de l'esprit humain, les choses qu'il saisit le plus aisément, et qui l'affectent le plus vivement, étant ordinairement celles qui lui paroissent avoir le plus de *réalité*. Voilà pourquoi ces êtres, ou ces modes chimériques que les scholastiques qualifient de *formes*, semblent exister plus réellement que la matière et l'action même. Outre que cette *matière* (*première*) est *cachée*, son action est *passagère*, et *s'écoule*, pour ainsi dire, sans cesse. L'esprit saisit moins fortement l'idée de l'une, et la notion de l'autre a plus de peine à y prendre pied. Au lieu que ces images dont nous parlons paroissent *sensibles* et *constantes* : en sorte que cette *matière première* et *commune* semble n'être qu'une sorte d'*accessoire* et d'*étai* (de supposition imaginée pour étayer un système). On regarde l'*action* comme une simple *émanation de la forme*; et dans les explications, ces *formes* jouent le principal rôle. De-là, selon toute apparence, *le règne de ces formes et des idées dans les* ESSENCES (1); à quoi ils ont ajouté je ne sais quelle *matière idéale et fantastique*. Ces illusions et ces préjugés se sont accrus par une teinte de superstition qui s'y est jointe, et qui est ordinairement l'effet de ces écarts et de ces excès où donnent tôt ou tard les esprits qui ne savent pas

---

(1) De-là cette illusion qui a porté les scholastiques à présenter, dans leurs explications, *des formes purement idéales, nominales et fantastiques*, au lieu de s'attacher à ces *formes plus réelles* qui ne sont que le *résultat* et le *résumé* de l'*observation* et de l'*expérience, formes qui sont extraites de ce qu'il y a de commun et de constant dans toutes les espèces et dans tous les modes du sujet à définir*.

s'arrêter. De-là aussi le règne des *idées abstraites* auxquelles on a attaché tant d'importance, qui se sont introduites dans la philosophie avec une sorte de *majestueuse assurance*, et qui en ont tellement imposé au vulgaire, que *la multitude immense des rêveurs a presque étouffé la société peu nombreuse des philosophes mieux éveillés*. Mais heureusement la plupart de ces préjugés se sont dissipés, quoique tel savant de nos jours ait pris peine à relever et à étayer toutes ces opinions qui tomboient d'elles-mêmes; entreprise qui nous paroît plus hardie qu'utile (1). Mais il est aisé de sentir combien le système des philosophes qui regardent cette *matière ab-*

---

(1) Il s'agit ici de *Patrice de Venise*, qui avoit tâché de ressusciter la philosophie de *Platon*, surtout ses hypothèses sur les *idées*. Toute cette philosophie rouloit principalement sur une supposition semblable à ce prétendu principe de *Descartes : tout ce que je conçois clairement et distinctement est vrai;* mais *Descartes* avoit oublié, ainsi que *Platon*, d'énoncer la mineure de ce syllogis-

straite comme *le principe de toutes choses*, est absurde, et il n'y a que des préjugés invétérés qui puissent empêcher de sentir cette absurdité. Car, à la vérité, quelques philosophes ont prétendu qu'il existoit réellement *des formes séparées de la matière ;* mais aucun d'eux n'a avancé qu'il existoit réellement *une matière indépendamment de ces formes;* pas même ceux qui la regardoient comme *un premier principe.* D'ailleurs, n'est-il pas absurde de prétendre *que des êtres fantastiques constituent les êtres réels?* Car il ne s'agit point *d'imaginer une méthode commode pour concevoir la nature des êtres, et pour établir entre eux des distinctions commodes,* mais *de savoir ce que sont réelle-*

---

me; la voici : *or, tout ce que je dis souvent, je crois le concevoir clairement et distinctement; et à force de répéter certains mots, je crois y attacher des idées claires et distinctes. Donc tout ce que je répète souvent est vrai* (pour moi). Voyez *le traité des systêmes, par l'abbé de Condillac.*

ment ces êtres primitifs (ou *primaires*), et les plus simples, d'où dérivent tous les autres. Or, l'*être principe de tous les autres* doit avoir une existence toute *aussi réelle* que ceux qui en dérivent, et même, en quelque manière, *plus réelle;* car il doit *exister par lui-même, et c'est par lui que tous les autres doivent exister.* Mais ce que les philosophes dont nous parlons disent de cette matière abstraite, ne vaut guère mieux que le systême de ceux qui prétendent que l'*univers*, et tout ce qu'il contient, est *composé de cathégories,* ou d'autres notions semblables et purement *logiques* (*dialectiques*). Car, soit qu'on dise que le monde tire son origine et est composé de la *matière,* de la *forme* et de la *privation,* soit qu'on prétende qu'il l'est de choses (de substances et de qualités) contraires, peu importe, et je ne vois pas une grande différence entre ces deux suppositions. Mais presque tous les philosophes de l'antiquité, tels qu'*Empédocle, Anaxagore* et *Ana-*

ximènes, qui, à tout autre égard, avoient des idées très différentes de cette matière première, s'accordoient du moins en ce qu'ils prétendoient que cette matière étoit *active* et *revêtue de quelque forme*, qu'elle étoit le *véhicule de cette forme dans les composés* où elle entroit ; enfin, qu'*elle avoit en elle-même le principe de son mouvement* : et l'on est forcé de s'en faire cette idée, si l'on ne veut abandonner tout-à-fait l'expérience. Aussi tous ces philosophes ont-ils soumis leur esprit aux choses, et conformé leurs opinions à l'état réel de l'univers. Au contraire, *Platon* a voulu assujétir la nature aux pensées humaines ; et *Aristote*, les pensées, aux mots. Les philosophes de ce temps-là ayant déja du goût pour la dispute et le bavardage, commençoient à négliger toute recherche sérieuse de la vérité. Ainsi, nous devons plutôt rejeter ces opinions toutes à la fois, que nous amuser à les réfuter en détail. Car elles ne doivent être attribuées et elles ne conviennent qu'à des philosophes plus jaloux de *discourir beaucoup, que d'étendre leurs connoissances*. En un mot, *cette matière abstraite est la matière des disputes et non celle de l'univers.* Mais tout homme qui veut faire des progrès réels dans la philosophie, *doit analyser et, pour ainsi dire, disséquer la nature,* au lieu de l'*abstraire*. Quand on dédaigne cette *analyse,* on est forcé de recourir à des *abstractions,* et l'on doit se bien persuader que *la matière première, la forme première, et même le premier principe du mouvement* (supposé tel qu'on le trouve et qu'il est donné par l'observation), sont inséparablement unis; car *les abstractions relatives au mouvement ont aussi enfanté une infinité d'opinions sur les ames, les vies;* comme *si, ne pouvant expliquer toutes ces choses par la matière et sa forme, on étoit obligé, pour en rendre raison, de supposer qu'elles dépendent de principes qui leur sont propres et particuliers* (1). Ces trois choses ne doivent nullement être *séparées*, mais seulement *distinguées* : et quelle que puisse être la *matière première*, on ne doit reconnoître pour telle qu'*une matière revêtue d'une forme, douée de certaines qualités déterminées,* et constituée de manière que toute espèce de *force*, de *qualité*, d'*essence*, d'*action* et de *mouvement naturel*, puisse n'en être qu'une *conséquence* et une *émanation*.

---

(1) Je prie le lecteur de fixer son attention sur cette phrase soulignée, et de juger par lui-même de cette *dévotion* que M. *Deluc* et quelques autres *papistes* attribuent au *chancelier Bacon*; mais, quoique je traduise cet horrible blasphème avec la plus scrupuleuse fidélité, je suis bien éloigné de l'adopter; et pour peu qu'on me demande si ces phénomènes dont parle l'auteur doivent être attribués *à certaines loix de la matière*, encore *inconnues*, ou à une *substance d'une nature particulière*; je répondrai, avec cette circonspection et cette ingénuité qui me caractérise, que je n'en sais rien.

Mais on ne doit pas craindre pour cela que les corps ne puissent plus se mouvoir, que l'univers ne tombe dans une sorte d'*engourdissement*, et qu'on ne puisse expliquer cette variété qu'on observe dans la nature; nous ferons voir le contraire ci-après. Que la matière première soit *revêtue de quelque forme*, c'est ce que fait entendre cette fiction même que nous expliquons; car *Cupidon y est personifié et caractérisé* : de manière cependant qu'il a été un temps où la matière, prise en totalité, étoit encore *informe* et *confuse*, le *chaos* étant *destitué de toute forme*; au lieu que *Cupidon* en a une : toutes assertions conformes au texte des saintes Écritures; car il n'y est pas dit qu'*au commencement Dieu créa l'hymen* (*le principe d'union*, ou *la force attractive*), mais *le ciel* et *la terre*.

On trouve même, dans les livres saints, quelque description de l'état où étoit l'univers avant les ouvrages des six jours; on y voit une mention formelle et distincte de la *terre* et de l'*eau*, qui sont des *noms de formes;* mais il y est dit que la *terre* étoit encore dans un état de *confusion.* Cependant, si cette fable que nous expliquons, *personifie Cupidon,* d'un autre côté elle le représente comme *nu*. Ainsi, immédiatement après l'erreur de ceux qui supposent qu'une *matière abstraite* est le vrai principe de toutes choses, on doit placer celle des philosophes qui prétendent qu'elle n'est pas *dépouillée* (de toute qualité semblable à celles des corps composés (1)); en observant toutefois que l'erreur des derniers est diamétralement opposée à celle des premiers. Mais ces considérations appartiennent proprement au su-

───────────────

(1) Notre auteur, dans cet exposé, est d'une telle concision, qu'il semble craindre d'être entendu; et l'obscurité de son style vient de ce qu'il supprime, à chaque instant, des mots absolument nécessaires; en sorte qu'au lieu de *traduire* ces mots, nous sommes obligés de les *inventer*, en nous servant toutefois des *phrases qu'il achève*, pour complèter celles qu'il n'achève pas.

jet que nous commençons à traiter. Nous avons déja fait quelques observations de ce genre, en parlant de la méthode qu'on doit suivre dans une recherche sur la *matière première* : il reste à voir, parmi les philosophes qui prétendent que cette matière première est revêtue d'une forme quelconque, quels sont ceux qui lui ont attribué une *forme native* et *nue*, et ceux qui ont supposé que cette forme lui venoit d'ailleurs, et lui avoit été donnée. Nous connoissons quatre opinions différentes sur ce point ; opinions avancées et soutenues par quatre sectes de philosophes.

Ceux de la première classe prétendent qu'il n'existe qu'*un seul principe* de toutes choses, et *que la diversité des êtres dépend de la nature variable de ce principe*. Ceux de la seconde classe, qui attribuent aussi l'origine de toutes choses *à un seul principe*, supposent que la *diversité des êtres dépend des différentes dimensions, figures et situations de ce principe matériel et unique* (des différentes *proportions, combinaisons et situations respectives de ces élémens d'une seule espèce*). Ceux de la troisième classe, qui supposent *plusieurs principes,* pensent que la *diversité des êtres dépend de la proportion, de la combinaison et de l'action réciproque de ces principes de différentes espèces.* Enfin, ceux de la quatrième classe supposent *une infinité,* ou du moins un *grand nombre de principes,* mais *doués de qualités spécifiquement* (et *originellement*) *différentes.* Ces derniers n'ont pas besoin de nouvelles suppositions pour expliquer la diversité des êtres, attendu qu'ils supposent cette *diversité* dans les *principes* mêmes, et *rompent l'unité de la nature,* dès le commencement. La seconde classe est la seule qui nous paroisse représenter *Cupidon tel qu'il est,* je veux dire *nu,* et, pour ainsi dire, *dans sa nudité native.* La première le représente comme *couvert d'un voile;* la troisième, comme *vêtu d'une tunique de plusieurs couleurs;* et la quatrième, comme *enveloppé dans un manteau*, et, en quelque manière, comme *masqué*. Nous allons faire quelques observations sur chacun de ces systêmes, afin d'indiquer, avec plus de précision, le vrai sens de cette fable. On doit observer, en premier lieu, que, parmi les philosophes qui n'ont admis *qu'un seul principe* de toutes choses, on n'en trouve aucun qui ait attribué cette fonction à la *terre* : la considération de sa *tendance au repos*, de son *peu d'activité*, de son *inertie* naturelle, de sa nature *passive*, qui la rend susceptible de l'action *des corps célestes*, *du feu*, etc. empêchoit qu'ils n'en eussent cette idée. Cependant les sages des premiers siècles plaçoient la *terre* immédiatement après le *chaos*, supposant qu'elle fut d'abord la *mère*, puis l'*épouse du ciel*; mariage d'où provinrent tous les êtres. Mais on ne doit pas croire pour cela qu'ils regardassent *la terre* comme le *principe de l'essence* (de l'existence), mais seulement comme le *principe* et l'*origine* de la *struc-*

ture, de l'*ordre* et du *système* de l'univers. Ainsi, nous renverrons l'explication de ce point au lieu où nous expliquerons *la fable du ciel*, et où nous traiterons des *origines*; recherche qui doit succéder à celle des *principes*.

Mais *Thalès* regardoit l'*eau* comme le *principe* de toutes choses; car il voyoit que la plus grand partie de la matière étoit dans l'état d'*humor*, sur-tout dans celui d'*humor aqueux*; que, pour être conséquent, on devoit regarder comme le vrai principe de toutes choses, ce dans quoi (l'espèce de matière où) résident le plus souvent les *forces* ou les *énergies* de tous les êtres, mais sur-tout les *élémens* des *générations* et des *restaurations* (des *recompositions*). Il considéroit de plus que la *semence* des animaux est *humide*; que les *graines*, les *semences*, les *amandes*, etc. des *végétaux*, sont *tendres* et *molles*, tant qu'elles ont la faculté de *végéter*, et conservent leur fécondité; que les *métaux* peuvent aussi devenir *fluides* et *coulans*; qu'on peut les regarder comme des *sucs concrets de la terre*, ou plutôt comme des espèces d'*eaux minérales*; que la *terre* elle-même n'est *féconde* et ne recouvre sa *fécondité*, qu'autant qu'elle est *arrosée* par les *pluies*, les *fleuves*, etc. que la *terre* et le *limon* semblent n'être autre chose que des *sédimens* de l'*eau;* que l'*air* est le produit de l'*expiration* (de l'*évaporation*) de l'*eau*, et semble n'être qu'une *eau dilatée;* que le *feu* lui-même ne peut être excité, se nourrir et subsister que par le moyen d'un *humor;* que cet *humor*, *gras* et *onctueux* dont se nourrissent et vivent, en quelque manière, la *flamme* et le *feu*, n'est qu'une espèce d'*eau mûrie*, et qui a subi une *concoction* suffisante (1). Il considéroit encore que la substance de

---

(1) Supposition gratuite et peu conforme à l'observation; car la *répulsion* que *l'huile* et *l'eau* exercent l'une sur l'autre, et leur *immiscibilité*, semblent prouver que ces deux substances sont spécifiquement et originellement différentes. Comment croirai-je que *l'huile*, qui provoque et aug-

l'*eau* est répandue dans l'univers entier, comme un *aliment commun;* que la *terre* est environnée de l'*océan;* qu'une quantité immense d'*eaux douces,* d'où dérivent les fontaines et les fleuves (semblable au sang qui coule dans les veines et les artères d'un animal), arrose la surface et l'intérieur de la terre; que, dans la région supérieure, se trouvent d'immenses amas d'eaux, qu'on peut regarder comme autant de *réservoirs,* qui fournissent aux eaux inférieures et à l'océan de quoi réparer leurs pertes. Il pensoit même que les *feux célestes pompant* ces *eaux* et ces vapeurs, s'*en nourrissoient,* attendu qu'ils ne pouvoient subsister sans *aliment,* ni le tirer d'ailleurs; que la *figure* naturelle de l'*eau,* je veux dire celle des gouttes de ce liqui-

---

mente l'inflammation, et *l'eau* qui éteint le feu, ne sont qu'une seule et même substance dans deux états différens? Cela peut être, à notre insu; mais c'est du moins une opinion très douteuse, et qui auroit grand besoin de preuve.

de, qui est *ronde* et *sphérique*, est semblable à celle de l'univers. Il considéroit enfin qu'on observe dans *l'air* et dans la *flamme* des *ondulations* semblables à celles de l'*eau*; que ce dernier fluide est *très mobile*, son mouvement toutefois n'étant ni trop lent, ni trop rapide; et que dans cet élément s'engendre une infinité de poissons ou d'autres animaux analogues.

Mais *Anaximène* regardoit l'*air* comme le principe *unique* de toutes choses; sentiment qui paroît très fondé, si, dans la détermination du *principe* de toutes choses, on doit avoir égard à la *masse* et au *volume*; car c'est l'*air* qui occupe les plus grands espaces dans l'univers : en effet, à moins qu'on ne suppose le *vuide séparé* et occupant de grands espaces, ou qu'on n'adopte ce préjugé, en quelque manière superstitieux, qui porte à croire que les corps et les espaces célestes diffèrent spécifiquement et essentiellement des corps et des espaces terrestres; toute cette partie de l'espace compris entre le globe terrestre et les limites les plus reculées du ciel, dans laquelle on ne voit ni astres, ni météores, paroît être remplie d'une substance aérienne (1). Or, le globe terrestre n'est qu'un point en comparaison de cet espace immense; et cette partie même des espaces célestes qui est occupée par les étoiles, est extrêmemement petite, par rapport au tout : car, dans la partie de cet es-

---

(1) Voilà encore une supposition très gratuite. Si tout cet espace étoit rempli d'air, ce fluide opposeroit une très grande résistance au mouvement des planètes; leur force projectile diminueroit très promptement; les ellipses qu'elles décrivent, s'alongeroient sensiblement et en très peu de temps, etc. Or, aucun de ces changemens n'ayant eu lieu depuis un grand nombre de siècles, s'il est vrai que les espaces célestes soient remplis d'un fluide, il est donc infiniment *plus rare* que l'air atmosphérique, comme *Newton* l'a avancé d'après un raisonnement semblable à celui-ci; il l'est même beaucoup plus que ce grand homme ne le pensoit; car s'il n'étoit que six cent mille fois, ou même un million de fois plus rare que l'air atmosphérique, les étoiles ne seroient pas visibles pour nous.

pace qui est la plus voisine de nous, les étoiles paroissent fort écartées les unes des autres, et comme dispersées; et quoique dans la région la plus éloignée elles soient innombrables, cependant si l'on considère l'immensité des espaces que ces étoiles laissent entre elles, elles paroîtront elles-mêmes n'y être que des points presque imperceptibles; en sorte que tous ces corps semblent nager et se perdre dans cet air, comme dans un vaste océan. Il y a aussi une grande quantité d'*air* et d'*esprit* (de substance aériforme et pneumatique) renfermée dans les *eaux* et dans les *cavités* du globe terrestre; substances auxquelles ces eaux doivent leur fluidité et leur écoulement : quelquefois même elles dilatent, gonflent et soulèvent la terre et les eaux. Or, non-seulement la terre est poreuse, mais elle est sujette à des tremblemens et à des secousses qui sont des indices manifestes de cet air qui s'y trouve renfermé. S'il est vrai que les principes doivent être d'une nature qui tienne le milieu entre les extrêmes (condition sans laquelle ils ne pourroient produire une si grande diversité dans les êtres dont ils sont les élémens), l'air, qui est le seul fluide où se trouve cette condition, doit donc être regardé comme le *vrai principe* de toutes choses. En effet, l'air est, en quelque manière, *le lien commun de tous les corps;* non - seulement parce qu'il se trouve en tous lieux, et remplit sur-le-champ tout espace laissé vuide, mais sur-tout par cette raison même qu'il est d'une nature moyenne et comme indifférente. Car c'est ce fluide qui transmet le plus aisément la lumière et les ombres, ainsi que les différentes espèces ou nuances de couleurs; toutes choses dont il est comme le *véhicule,* transmettant également les sons harmoniques, et, ce qui est encore plus étonnant, les plus légères impressions et les différences les plus délicates des sons articulés, ainsi que celles des odeurs; et non-seulement, les différences qui distinguent et caractérisent les odeurs suaves ou fétides, fortes ou foibles, pénétrantes ou non pénétrantes, mais même les *différences propres* et *spécifiques* de la *rose*, de la *violette*, etc.; les *transmet*, dis-je, sans les *confondre*. De plus, l'air se prête, en quelque manière, indistinctement et avec une sorte d'*indifférence*, à la transmission de ces qualités si puissantes et si connues sous les noms de *chaud* et de *froid*, d'*humidité* et de *sécheresse*. C'est aussi dans ce fluide que les vapeurs aqueuses, les exhalaisons onctueuses, les esprits salins, et les fumées des métaux, demeurent suspendus et se meuvent suivant une infinité de directions différentes. C'est encore par l'intermède de l'air que les émanations de la région céleste, les corrélations harmoniques et les oppositions (les forces attractives et répulsives) agissent secrètement et sans y trouver d'obstacle. En sorte que l'air est comme un second *chaos*, où les semences (les principes) de toutes choses se portent en tous sens, et agissent ou font effort pour agir. Enfin, si l'on doit qualifier de *principes* les subtances où réside une force générale et vivifiante, comme c'est principalement dans l'air qu'on observe une telle force, c'est à ce fluide, plus qu'à tout autre, qu'on doit attribuer la fonction de *principe;* conséquence qui paroît d'autant plus conforme à l'opinion commune, que, dans l'usage, on emploie indistinctement, et l'on prend souvent l'un pour l'autre, ces trois mots: *air, esprit* et *ame.* Et ce n'est pas tout-à-fait sans fondement qu'on les confond ainsi; car, si la respiration n'a pas lieu dans les *rudimens* (ou *ébauches*) de vivification, tels que les *embryons* et les *œufs,* du moins elle est inséparablement unie à toute vivification un peu avancée; les poissons mêmes, lorsque la surface de l'eau vient à se glacer, sont bientôt suffoqués. Le feu s'éteint promptement, lorsqu'il n'est pas environné d'un air qui puisse l'animer; il semble n'être qu'une sorte d'*air frotté* et *embrasé* par une violente *irritation :* au contraire, l'*eau* semble n'être qu'un *air coagulé*. L'air transpire et s'exhale continuellement du sein de la terre, et il paroît que la substance terrestre, pour prendre la forme de ce fluide, n'a pas besoin de passer par l'*état aqueux*.

Héraclite, philosophe plus pénétrant et plus profond que ceux dont nous venons de parler, mais dont l'hypothèse paroît moins vraisemblable, regardoit le *feu* comme le *principe* de toutes choses ; car, selon lui, pour découvrir et déterminer les vrais principes des choses, il falloit chercher, non une *nature moyenne* qui, par cela même, est ordinairement *variable* et *corruptible*, mais une *nature parfaite* et *supérieure* à toutes les autres, qui fût le *terme de la corruption et de l'altération*. Or, il voyoit que c'étoit dans les corps solides et d'une certaine consistance, qu'on observoit le plus de *variétés* et de *variations*, car les corps de cette espèce peuvent s'*organiser* et devenir des espèces de *machines;* où la seule différence, par rapport à la configuration, peut produire les plus grandes variations, à tout autre égard, comme on le voit dans les *animaux* et dans les *plantes;* et même si l'on observe avec un peu d'attention les corps solides et non organiques, on y apperçoit aussi de très grandes différences. En effet, quelle diversité ne règne-t-il pas entre ces parties mêmes des animaux, qualifiées ordinairement de *similaires;* telles que le *cerveau,* les trois *humeurs et le blanc de l'œil,* les *os,* les *membranes,* les *cartilages,* les *nerfs,* les *veines,* la *chair,* la *graisse,* la *moële,* le *sang,* le *sperme,* les *esprits animaux,*le *chyle,* etc. ainsi qu'entre les parties des *végétaux;* telles que la *racine,* l'*écorce,* la *tige,* la *feuille,* la *fleur,* la *semence.* Les *fossiles* ne sont certainement pas *organiques* (1); cependant on ne laisse pas d'y observer de très grandes différences d'espèce à espèce, dans un même genre, et d'individu à individu, dans une même espèce.

---

(1) Ce mot *organique* auroit grand besoin d'être défini.

Ainsi la *consistance* et la *solidité* paroissent être la base la plus ample et la plus large de cette inépuisable variété que nous admirons dans la nature : au lieu que les *liquides* ne sont pas susceptibles d'organisation ; car on ne trouve, dans la nature entière, aucun *animal,* ni aucune *plante,* dont la *substance* soit entièrement *fluide.* La nature de la *liquidité* ou de la *fluidité* est donc incompatible avec cette *diversité* dont nous parlons, et l'exclut absolument. Cependant ces mêmes liquides peuvent encore différer les uns des autres, jusqu'à un certain point, comme le prouvent ces *caractères propres et particuliers* qui servent à distinguer les différentes *espèces* de corps fusibles, de sucs naturels, et de liqueurs provenues des distillations. Mais, dans l'air, et les substances aériformes, les limites de cette variété sont plus resserrées, et il y règne une sorte d'uniformité générale ; car on n'y trouve ni ces *couleurs,* ni ces *saveurs* qui servent à distinguer les unes des autres certaines liqueurs; mais on y trouve celles des *odeurs*; différences toutefois qui s'évanouissent aisément, et qui ne sont pas inhérentes à ce fluide : en sorte que, plus les corps approchent de la nature *ignée*, plus on y voit décroître la diversité ; et lorsqu'enfin on est parvenu à la nature du *feu*, du *feu*, dis-je, *rectifié* et *très pur*, toute organisation et toute propriété spécifique disparoissent ; et alors la nature semble se réunir en un seul point, comme au sommet d'une pyramide, et être parvenue au terme de l'action qui lui est propre. Aussi voit-on qu'*Héraclite* désigne par le nom de *paix*, l'*inflammation* ou l'*ignition*, parce qu'elle ramène la nature à l'*unité* ou à l'*uniformité* ; et par celui de *guerre*, la *génération*, parce qu'elle produit la *diversité* : et pour expliquer, jusqu'à un certain point, cette loi en vertu de laquelle la nature *va et revient sans cesse de la variété à l'unité, et de l'unité à la variété*, par une sorte de *flux et reflux perpétuel*, il prétend que le *feu* se *condense* et se *raréfie* alternativement, de manière toutefois que cette *raréfaction*, tendant à l'état d'*ignition*, est la *marche directe* et *progressive* de la nature ; au lieu que la *condensation* est sa marche *rétrograde* et une sorte de *privation graduelle*. Il pensoit que ce double effet s'opéroit, dans la totalité de la matière, en vertu d'une sorte de *nécessité* (d'une loi nécessaire), et dans des périodes ou espaces de temps déterminés : en sorte que ce grand tout, qui se développe à nos yeux, sera un jour *enflammé dans sa totalité ;* et, dans un autre temps, retournera à son premier état : en un mot, qu'il est sujet à une *succession alternative d'inflammations et de générations* (a). Si nous pouvons nous en rapporter à ce peu que l'histoire nous apprend touchant ce philosophe et ses opinions, il paroît qu'il pensoit que la nature ne suit pas la même marche, lorsqu'elle tend à l'*inflammation*, que lorsqu'elle tend à l'*extinction ;* car son sentiment, par rapport à l'*échelle* (ou à la *gradation*) *de l'inflammation* , ne diffère pas de l'opinion commune sur ce point; il pensoit, dis-je, que *la matière passe par degrés de l'état terrestre à l'état aqueux, de celui-ci à l'état aérien, et de l'état aérien à l'état ignée;* mais il renversoit cet ordre, par rapport à l'*extinction*. Le *feu*, disoit-il, en s'éteignant, devient d'abord *terre*, et cette terre semble n'être qu'une sorte de *fuliginosité* ou de *sédiment du feu*; puis cette terre contracte de l'*humidité* (devient *humide*); d'où résulte la production et la *fluidité* de l'*eau* qui, par son *expiration* (*évaporation*) et sa *dilatation*, devient *air*; en sorte que le passage de l'état ignée à l'état terrestre est *subit* et *non graduel*.

Le sentiment de ceux qui n'admettoient qu'*un seul principe*, et qui étoient moins jaloux de l'emporter dans la dispute, que d'observer la nature telle qu'elle étoit, nous paroît autant ou plus fondé que les précédens (b); ils méritent surtout des éloges pour n'avoir attribué à *Cupidon* qu'*une seule espèce de vête-*

ment, qui, comme nous l'avons dit, est plutôt une sorte de *voile léger*, qu'une *toile forte* et *épaisse*. Nous appellons, *vêtement de Cupidon*, une *forme quelconque attribuée à la matière première*, en supposant de plus qu'elle a quelque analogie de substance avec la forme de tel être du second ordre. Les hypothèses de ceux qui regardent l'*air*, l'*eau* ou le *feu*, comme le *premier principe* de toutes choses, sont appuyées sur des fondemens si foibles, qu'elles ne seroient pas difficiles à réfuter; mais au lieu de les discuter une à une, nous nous contenterons de les réfuter en masse.

Ainsi, en premier lieu, nous observerons que ces anciens philosophes paroissent avoir suivi, dans la recherche des premiers principes, une méthode peu judicieuse, se contentant de chercher, parmi les corps apparens et sensibles, celui qui leur paroissoit l'emporter sur tous les autres par ses qualités, et l'avoir regardé comme principe de tout, mais seulement d'après les *idées de perfection* qu'ils s'étoient faites à cet égard, et non d'après l'observation et la mûre considération de la réalité des choses ; supposant très gratuitement que cette nature, qu'ils croyoient si parfaite, étoit la seule dont on pût dire avec fondement *qu'elle étoit réellement ce qu'elle paroissoit être;* que toutes les autres n'étoient au fond que cette même nature, quoiqu'elles parussent en différer; en sorte qu'ils semblent n'avoir voulu parler qu'au *figuré,* ou s'être laissé séduire par ces *idées de perfection* qu'ils attachoient à certains corps; l'impression la plus forte ayant donné sa teinte à tout le reste. Cependant tout philosophe qui veut connoître la nature telle qu'elle est, ne doit point avoir de telles prédilections, et ne doit regarder comme *vrai principe* de toutes choses, que ce qui convient, non-seulement aux corps les plus volumineux, les plus nombreux et les plus actifs, mais aussi aux plus petits, aux plus rares et aux plus *inertes*. Ce que les hommes admirent le plus, c'est ce qu'ils rencontrent le plus souvent (c'est ce qui les frappe le plus); mais la nature qui n'est point sujette à de telles préventions, ouvre son vaste sein à tous les êtres également : que si ces philosophes dont nous parlons, au lieu d'adopter ce principe unique, d'après les idées de perfection qu'ils attachent à certains corps, le font *purement* et *simplement* (indépendamment d'un tel motif), alors leur métaphore devient encore plus choquante; ils tombent dans une équivoque manifeste; et ce n'est plus ni au *feu*, ni à l'*eau*, ni à l'*air* réels (de la nature), mais à je ne sais quelle substance fantastique et purement idéale, qu'ils laissent ce nom de *feu*, d'*air*, etc. et en y attachant des idées très différentes des idées communes. De plus, ils paroissent tomber dans le même inconvénient que ceux qui regardent une matière abstraite comme premier principe. Car, de même que ceux-ci supposent une matière *potentielle*, dans son tout, ceux-là en supposent une qui l'est, du moins en partie. Ils admettent aussi une matière revêtue d'une forme (actuellement existante et douée de telles qualités) du moins à certains égards ; savoir, par rapport à leur principe même, mais purement *potentielle* (1) à tout autre égard ; et ils ne gagnent pas plus, en supposant l'existence d'un principe de cette nature, que les autres, en regardant comme telle une *matière abstraite.* Cependant ils présentent à l'entendement humain un objet qui lui donne un peu plus de prise, qui fixe davantage ses idées, sur lequel il croit pouvoir se reposer, et à l'aide duquel il croit avoir une notion un peu plus étendue et plus complète de ce principe ; mais, dans le siècle où ils vivoient, les *prédicamens* (2) n'étoient pas encore assez en

---

(1) N'ayant actuellement et éternellement aucune qualité déterminée, mais pouvant avoir telles ou telles qualités indistinctement et successivement.

(2) Certains attributs généraux à l'aide desquels les scholastiques se flattoient de pouvoir rendre raison de tout.

vogue pour que ce principe d'une matière abstraite pût se cacher sous *la foi* et la *tutele* de quelque *prédicament* de la substance. Aussi aucun d'entre eux n'a-t-il osé imaginer une matière purement fantastique; mais ils ont regardé comme principe une des substances qui tombent sous les sens, en un mot, *un être réel*. Quant à la manière dont il varie, se modifie et se distribue, ils ont pris plus de liberté à cet égard, et celle qu'ils ont supposée est tout-à-fait chimérique; car ils n'ont pas su découvrir par quel *appétit* ou *stimulus* (force, tendance ou effort) par quel moyen, quelle voie, quelle marche et quelle gradation un premier principe dégénère et revient ensuite à son premier état. De plus, on observe dans l'univers une infinité de *choses contraires* et *d'oppositions*; par exemple, les corps sont *denses* ou *rares*, *chauds* ou *froids*, *lumineux* ou *opaques*, *animés* ou *inanimés*, toutes choses qui, luttant les unes contre les autres, s'affoiblissent ou se détruisent réciproquement. Vouloir *faire dériver tous ces contraires d'un seul principe matériel*, comme d'une seule source, sans donner la plus légère idée de la manière dont cette *cause unique* peut produire tous ces *effets opposés*, est une marche propre à des philosophes, qui, effrayés de la difficulté de cette recherche, prennent le parti de l'abandonner. Car, à la vérité, si le fait même étoit suffisamment constaté par le témoignage des sens, il faudroit bien l'admettre tel qu'il seroit, quoique son mode et ses causes demeurassent inconnues; et même si l'on pouvoit, par la seule force du raisonnement, découvrir quelque mode vraisemblable et capable de produire tous ces effets, il faudroit peut-être alors s'élever au-dessus des apparences : mais il seroit injuste d'exiger que nous accordassions notre suffrage à des philosophes qui supposent des êtres dont l'existence n'est pas constatée par le témoignage des sens, et qui ne prennent pas même la peine de nous montrer, par des raisons satisfaisantes, la possibilité de leur existence. De plus, s'il n'y avoit *qu'un seul principe* de toutes choses, on devroit en trouver des traces et des indices dans tous les corps; il devroit y jouer le principal rôle, et y prédominer plus ou moins; enfin, rien de contraire à ce principe n'y devroit jamais prédominer (1). De plus, il faudroit qu'il fût placé au milieu (au *centre*), afin que tout le reste pût l'approcher, et qu'il pût se répandre aisément dans tous les points de sa sphère d'activité. Or, dans le système dont nous parlons, il n'est point question de tout cela; car la *terre,* à laquelle *on refuse les honneurs et la fonction de principe,* contracte et conserve des qua-

---

(1) Il est absurde de dire que le *chaud* et le *froid* n'ont qu'une seule cause ; ils ont nécessairement pour causes deux mouvemens opposés qui ont eux-mêmes nécessairement pour causes deux forces contraires. Telle est aussi notre principale objection contre le système de *Newton*, que nous regardons, non comme *faux*, mais comme *insuffisant*.

lités diamétralement opposées à celles de ces trois substances, dont telle ou telle autre est regardée comme principe : par exemple, elle oppose son *inertie* et son *opacité* à la *mobilité* et à la nature *lucide* (à la *lucidité*) du *feu;* sa *densité* et sa *solidité*, à la *ténuité* et à la *mollesse* (*fluidité*) de l'*air;* sa *sécheresse* et sa *roideur*, à l'*humidité* et à la *souplesse* de l'*eau;* sans compter que la *terre* elle-même occupant le *milieu* (le *centre*), en exclut toutes les autres substances. De plus, s'il n'existoit qu'*un seul principe*, il devroit être de nature à se prêter également et indifféremment à la *génération* et à la *dissolution;* car c'est aussi le propre d'un principe, que toutes choses s'y résolvent, comme elles en dérivent : or, c'est ce qu'on ne peut dire d'aucun des principes supposés; l'*air* et le *feu* n'étant nullement propres pour fournir une matière à la génération; au lieu que les autres corps peuvent se résoudre en ces deux substances; au contraire, l'*eau*, dont l'action est douée, est, par cela même, propre pour la génération, et les autres substances ne s'y résolvent que difficilement : c'est ce qu'on verroit aisément si les pluies venoient à cesser pendant quelque temps. De plus, la putréfaction même ne ramène nullement les substances à l'état aqueux; je veux dire, qu'elle ne les réduit point en une *eau pure et crue*. Mais l'erreur de ces philosophes consiste principalement en ce qu'ils ont qualifié de *principe* une *substance corruptible* et *mortelle ;* car c'est ce qu'ils font, lorsqu'ils admettent un principe qui peut dégénérer dans les composés, et y perdre sa nature propre et spécifique, comme le dit certain poëte : *La transformation de tout corps qui sort de ses limites, est la mort de ce qui existoit auparavant* (1); observation d'autant plus nécessaire

---

(1) Selon toute apparence, la pensée du poëte étoit très différente de celle que notre auteur lui prête, et il vouloit dire que *toute transformation ou production d'une nouvelle forme est la mort*

ici, que, suivant l'ordre naturel de notre exposé, nous devons parler actuellement de cette troisième secte de philosophes qui soutenoient l'hypothèse de la *pluralité de principes;* secte qui, à la première vue, paroît appuyer ses assertions sur de plus solides fondemens que toutes les autres, mais qui ne laisse pas d'avoir plus de préjugés, et de hazarder un plus grand nombre de suppositions. Ainsi, après avoir examiné ces hypothèses prises en général, nous allons les discuter une à une.

Nous avons dit qu'une partie de ces systématiques, qui admettoient *plusieurs principes,* prétendoit que leur nombre étoit infini. Cependant, nous n'examinerons point ici ce sentiment; les considérations sur l'infini se rapportant à la *fable du ciel.* Mais quelques-uns des anciens philosophes, entre autres *Parmé-*

---

de la forme précédente : le tout périt, mais ses parties, ou ses principes constitutifs, ne périssent point.

nide, supposent l'existence de *deux principes* seulement; savoir, *le feu* et *la terre,* ou *le ciel* et *la terre.* Car, selon lui, le soleil et les autres astres sont de véritables feux, des *feux,* dis-je, *purs* et *limpides* (*clairs, transparens*) et très différens du nôtre, qui, ayant été par hazard précipité sur la terre (*comme Vulcain*), est demeuré *foible* et *boiteux* : système renouvellé, dans ces derniers temps, par *Télèse,* savant distingué, qui s'étoit instruit à fond de la doctrine des *Péripatéticiens* (si toutefois celle qu'ils enseignoient méritoit ce nom), et qui a su tourner contre eux leurs propres argumens, mais qui n'avoit pas le même talent pour établir des opinions positives, et savoit mieux *détruire* que *construire* (*démolir* que *rebâtir*). Quant au système proprement dit de *Parménide,* il nous reste très peu de chose sur ce sujet. Cependant les fondemens d'une hypothèse fort semblable ont été jetés dans ce traité succinct, que *Plutarque* a composé sur le premier *froid;* opuscule dont le fond paroît avoir été tiré de quelqu'autre traité plus ancien qui existoit encore de son temps, mais qui n'est point parvenu jusqu'à nous ; car on y trouve plus de profondeur et de force de raisonnement, qu'on n'en voit ordinairement dans les écrits de l'auteur qui a publié ce système. Il paroît que *Télèse* a profité des vues qu'il y a trouvées, et qu'elles l'ont excité à défendre avec beaucoup de chaleur, dans ses traités de physique, l'hypothèse de *Parménide*. Les opinions de cette secte se réduisent à ce qui suit. Les *formes*, les *êtres actifs*, et par conséquent les *substances primaires* (du premier ordre) sont le *chaud* et le *froid*. Cependant ces deux *substances* sont *incorporelles* (c). Mais il existe une matière *passive* et *potentielle*, qui leur fournit une masse *corporelle* sur laquelle l'une et l'autre peuvent exercer leur action ; matière qui est susceptible de ces deux natures (de ces deux genres d'impressions opposées), mais qui par elle-même est *inerte* et destituée de toute activité.

La *lumière* n'est qu'une *dérivation de la chaleur,* mais d'une chaleur raréfiée et atténuée, qui, en se concentrant, devient plus forte et plus sensible. Par la raison des contraires, *l'opacité* est l'effet de la privation ou de l'affoiblissement de la nature lumineuse ; deux effets produits par le *froid.* La *rarité* (1) et la *densité* sont deux espèces de *textures*, ou *de toiles ourdies* (de constitutions des corps produites) par le *chaud* et le *froid,* qui sont alors, à leur égard, comme les *agens* et les *ouvriers.* L'effet du *froid* est de *contracter* et de *condenser* les corps, au lieu que celui de la *chaleur* est de les *étendre* et de les *dilater.* L'effet de la dernière de ces deux textures est aussi de rendre les corps *plus mobiles* et *plus actifs;* celui de la première est de *diminuer* leur *aptitude* au *mouvement* et d'*augmen-*

---

(1) La *rarité* est l'*état* ou le *mode* d'un corps qui comprend peu de matière sous un volume déterminé : les physiciens ont créé ce mot, parce que celui de *rareté* a un autre sens.

ter leur *inertie*. Ainsi, c'est par le moyen de la *rareté* et de la *ténuité* que la *chaleur excite*, ou *entretient* le *mouvement*, et c'est par le moyen de la *densité* que le *froid* le *ralentit*, ou le *détruit* (1). D'où il suit qu'il y a, et qu'on peut supposer *quatre natures* (*qualités*) *corréla-*

---

(1) Par cela seul que le *froid rapproche* les parties de la matière, et leur laisse ainsi *moins d'espace pour se mouvoir*, il *ralentit* ou *détruit* leur mouvement ; et par cela seul que la *chaleur écarte* les unes des autres les parties d'un composé (fluide ou solide), *relâche* leur *assemblage*, et leur laisse ainsi *plus d'espace* pour se mouvoir, elle *excite*, *entretient* ou *accélère* le mouvement. Au reste, ce n'est pas *parce qu'un corps est chaud*, *que ses parties s'écartent les unes des autres*; mais *c'est*, au contraire, *parce que ses parties s'écartent les unes des autres, qu'il est chaud*, c'està-dire, qu'il *excite* en nous *la sensation de chaleur*; et vice versâ. Car la *chaleur*, dans l'homme, n'est autre chose que *la sensation de l'expansion ou de la dilatation des particules de son propre corps et de l'accélération de leur mouvement*; et le *froid* est *la sensation de leur rapprochement ou de leur contraction, et du ralentissement ou de la destruction de leur mouvement*.

tives et co-essentielles, qui répondent (deux à deux) au *chaud* et au *froid*, dont elles ne sont que des *dérivations* ou des *émanations*, mais qui en sont inséparables. Ces quatre qualités sont, d'une part, la *chaleur*, la *lumière* (*la lucidité*), la *rareté* et la *mobilité*. A ces quatre qualités répondent, de l'autre part, ces quatre autres qui leur sont diamétralement opposées, le *froid*, l'*opacité*, la *densité* et l'*immobilité*. Le siège des quatre qualités de la première *conjugaison* (combinaison), et des textures qui en sont les effets, est le *ciel* (et les *astres*), principalement le *soleil* : celui de la combinaison des quatre qualités opposées est la *terre* : car le *ciel*, en vertu d'une *chaleur* (1) complète (portée au

---

(1) Comme ce mot *chaleur* ou *chaud* ne désigne pas ici un *mode*, mais une *substance*, le lecteur peut y substituer le mot *calor* employé par *Crawfurd*, ou le mot *calorique*, employé par nos chymistes ; il en est de même du *froid*, qu'il regarde comme une espèce particulière de corps où réside le mode que nous désignons par ce mot : on sait

plus haut degré) et d'une *matière* extrêmement *dilatée*, est *très chaud*, *très lumineux*, *très ténu* et *très mobile*. La *terre*, au contraire, en vertu d'un *froid* (1) *extrême* que rien n'affoiblit, et d'une matière extrêmement contractée, est *très froide*, *très opaque*, *très dense* et tout-à-fait *immobile;* ayant même une sorte *d'aversion* et *d'horreur pour le mouvement*. La partie la plus élevée des cieux conserve entièrement sa nature, et sans aucune diminution, n'étant susceptible que de quelques différences, par rapport au degré, ou du plus au moins, et étant trop éloignée pour être exposée aux assauts et à l'action violente de son contraire. Il en est de même de l'intérieur

---

que *Muschenbrock* a supposé qu'il existoit *des particules frigorifiques* et *essentiellement froides*, qui refroidissent l'air et les autres corps avec lesquels elles se combinent.

(1) Il faudroit ici un mot tel que *frigor* ou *frigorifique;* mais, pour avoir le droit de forger un mot nécessaire, il faut avoir eu l'impudence d'en forger douze cents inutiles.

de la terre, par rapport à sa nature respective qui s'y trouve également permanente. Dans les extrémités (dans les limites des deux régions) où les deux contraires sont plus voisins et plus en prise l'un à l'autre, ils agissent réciproquement l'un sur l'autre, et se livrent un éternel combat. En conséquence, le *ciel*, dans la totalité de sa masse et de sa substance, est *chaud*, et destitué de toute nature ou action contraire ; chaleur toutefois qui n'y est pas distribuée uniformément, certaines parties étant plus chaudes que les autres ; car la chaleur du corps, de la substance même de chaque étoile a beaucoup d'intensité, et celle qui règne dans les espaces que les étoiles laissent entre elles, en a beaucoup moins. Cette chaleur n'est pas non plus la même dans toutes les étoiles ; quelques-unes paroissent être plus ardentes que les autres, leur lumière étant plus vive et plus scintillante ; de manière toutefois que la nature contraire, supposée même au plus foible degré, ne peut pénétrer jusqu'à cette région ; qui, à la vérité, est susceptible de plus et de moins, par rapport à sa nature propre et spécifique, sans l'être d'aucun degré de la nature contraire. Mais on ne doit pas juger du *feu céleste*, ni de sa chaleur, par le *feu commun* (ou *terrestre*), le premier ayant toute sa *pureté* et toute sa *force originelle;* ce qu'on ne peut dire du dernier. Car notre feu se trouvant hors du lieu qui lui est propre, et tout environné de contraires, est comme tremblottant ; il est dans une sorte d'indigence, ayant besoin d'un aliment pour se nourrir et se conserver ; enfin, il est perpétuellement disposé à fuir cette région étrangère, et à s'élever vers la région céleste. Au lieu que, dans les cieux, il est dans sa véritable place ; il n'y est exposé à l'action violente, et aux assauts d'aucune substance contraire : il y est dans un état permanent, il y subsiste et s'y conserve par lui-même, ou tout au plus par le moyen de ses analogues : il y exerce librement et sans obstacle toutes les espèces d'actions qui lui sont propres. De même le *ciel* est *lumineux* dans toutes ses parties; mais il ne l'est pas dans toutes également. En effet, parmi les étoiles observées et nombrées, il en est qui ne sont visibles que par un temps très serein : et la *voie lactée* n'est qu'un assemblage de très petites étoiles qui ne produisent qu'une blancheur, et non une lumière proprement dite, et suffisante pour les laisser voir toutes distinctement. Il n'est pas douteux qu'il n'y ait une infinité d'étoiles invisibles pour nous; et en conséquence, que le corps même du ciel ne soit lumineux dans toute son étendue; mais cette lumière n'est ni assez vive, ni assez forte, ni assez concentrée, pour pouvoir franchir ces espaces immenses et parvenir jusqu'à nos yeux. On conçoit aussi que le ciel, pris en totalité, est composé d'une substance *rare* et *ténue*, qu'aucune condensation ou contraction violente n'a rendu telle de ses parties plus dense et plus compacte que les autres; quoique sa matière soit plus rare et plus ténue dans certaines parties que dans d'autres. Enfin, le *mouvement* du ciel est tel que doit être celui d'un corps *très mobile :* je veux dire que c'est un *mouvement circulaire;* c'est-à-dire, un *mouvement sans terme,* et tel que le corps circulant n'a, en quelque manière, d'autre terme que lui-même : au lieu que tout corps qui, dans son mouvement, suit une ligne droite, se porte vers un terme, comme pour s'y reposer. Ainsi, le ciel, pris en totalité, se meut circulairement, et il n'est aucune de ses parties qui n'ait un tel mouvement. Cependant le ciel est susceptible de quelques *inégalités,* relativement à sa *chaleur,* à sa *lumière* et à sa *ténuité;* il l'est également de quelques différences par rapport à son mouvement; différences d'autant plus sensibles et d'autant plus faciles à déterminer, à constater, qu'un tel mode (le mouvement circulaire) excite davantage l'attention de l'observateur, donne plus de prise à l'observation et peut plus aisément être soumis au calcul. Ce mouvement circulaire peut, en différentes parties du ciel, différer quant à sa vîtesse, ou à la courbe décrite. En effet, il peut être ou *plus rapide*, ou *plus lent ;* 2°. le corps circulant peut décrire ou un *cercle parfait,* ou une *courbe* qui tienne de la *spirale,* dont les spires soient plus ou moins écartées les unes des autres ; et, en conséquence, après avoir fait sa révolution entière, ne pas revenir précisément au point d'où il est parti ; car la ligne spirale tient tout à la fois du *cercle* et de la *ligne droite* (1). Or, c'est ce qu'on observe dans le ciel même : je veux dire que ses différentes parties (d) ne se meuvent point avec des vîtesses égales, et ne reviennent pas chaque jour

---

(1) Les courbes que le soleil et les planètes paroissent décrire, ne sont pas des *spirales,* mais des espèces d'*hélices* analogues à celle d'une *vis,* d'une *vrille* ou d'un *tire-bourre ;* et la différence entre ces deux espèces de courbes consiste en ce que les *spires* de la première sont *toutes dans un même plan;* au lieu que celles de la dernière sont *dans des plans différens.*

exactement aux points où elles étoient la veille (dans les instans correspondans); en un mot, elles décrivent des *spirales :* par exemple, les *étoiles errantes* et (où) *les planètes* (et les comètes) ont des vîtesses inégales; et ces planètes s'éloignent visiblement de l'équateur, en allant et revenant d'un tropique à l'autre. Plus les astres sont élevés et éloignés de nous, plus leur mouvement circulaire est rapide, et plus aussi les *spires* de la courbe qu'ils décrivent sont rapprochées les unes des autres ; car, pour peu qu'envisageant sans prévention tous ces phénomènes, et en les prenant tels que les donne l'observation, on suppose un seul mouvement diurne, naturel et simple dans les corps célestes, en rejetant cette hypothèse spécieuse, mais purement mathématique, dont le but est de ramener tous les mouvemens célestes à des cercles parfaits (1) ; pour peu encore qu'on re-

---

(1) Il s'agit ici de l'hypothèse des *épicycles :* quelques anciens astronomes, pour expliquer ces

garde comme réelles les lignes spirales que les planètes paroissent décrire; et qu'au lieu de s'en laisser imposer par l'apparence de ces deux mouvemens en sens contraires; savoir, celui d'orient en occident (attribué au premier mobile), et celui d'occident en orient (qualifié de mouvement propre des planètes); pour peu, dis-je, qu'on les réduise à un seul, et qu'on explique les différences observées (par rapport au temps) dans le retour des planètes aux mêmes points, en supposant qu'elles devancent le premier mobile, ou le laissent en arrière, et en employant la supposition même des lignes spirales pour rendre raison de la différence observée entre les pôles de la sphère et ceux du zodiaque; pour peu,

---

variations qui font paroître les planètes, tantôt *directes*, tantôt *rétrogrades*, et tantôt *stationnaires*, supposoient que chaque planète *décrivoit un petit cercle décrivant lui-même un grand cercle*, c'est-à-dire, que chaque planète décrivoit une *épicycloïde*: on a prouvé qu'elles décrivent des *ellipses* qui ont plus ou moins d'*excentricités*.

en un mot, qu'on se permette ces suppositions si simples et si naturelles, on sera bientôt convaincu de ce que j'ai avancé : par exemple, on voit que la *lune*, qui, de toutes les planètes, est la plus basse et la plus voisine de nous, a un mouvement plus lent et décrit une courbe dont les spires sont plus écartées les unes des autres; et qu'elle a, par sa nature, quelqu'affinité ou analogie avec cette portion de la région céleste, qui, à cause du grand éloignement où elle est de la nature contraire, est dans un état permanent. Mais *Télèse* a-t-il laissé subsister, ou changé les anciennes limites des deux natures? Pensoit-il, dis-je, que la nature de la lune étoit toute semblable à celle de la région plus élevée; ou croyoit-il que l'action de la nature contraire (à la nature céleste) s'étendoit au dessus (se portoit même au delà) de cette planète? C'est un point sur lequel ce philosophe ne s'est pas assez nettement expliqué. Or, la plus grande portion de la terre, qui est l'assemblage, la masse, et comme le siège des substances de nature opposée, est aussi dans un état permanent; et l'influence des corps célestes ne peut pénétrer jusques-là. Mais quelle est l'étendue de cette portion? C'est une question dont la solution seroit assez inutile; il suffit de savoir qu'elle est douée de ces quatre qualités, le *froid*, l'*opacité*, la *densité* et le *repos* ou l'*immobilité*; qu'elle les possède au degré le plus éminent, sans qu'aucune cause puisse les diminuer.

Ce même philosophe pense que la région où s'opèrent toutes les générations, est cette partie de la terre qui se trouve vers la surface du globe, et qu'il regarde comme une espèce d'*écorce* ou de *croûte*; que tous les êtres, et en général tous les composés que nous pouvons observer, et sur lesquels nous avons des connoissances plus ou moins exactes, même les plus pesans, les plus durs, et ceux qui se trouvent à une grande profondeur (telles que les *métaux*, les *pierres*); enfin, la *mer* même, sont composés d'une terre travaillée et en partie transformée par la chaleur des corps célestes; terre qui a contracté, par ce moyen, un certain degré de *chaleur,* de *radiation* (de *lucidité*), de *ténuité* et de *mobilité,* et qui est d'une *nature moyenne* entre celle du *soleil* et celle de la *terre* (proprement dite): d'où il suit évidemment que cette terre pure dont nous parlions plus haut, se trouve fort au-dessous de la mer, des minéraux et de toute espèce de composé qui peut être le produit d'une génération; enfin, que tout l'espace compris entre cette terre pure et la lune, ou une région plus élevée, est occupé par une sorte de *nature moyenne* (1), qui est le

―――

(1) Le lecteur doit observer que l'auteur de ce système ne parle jamais que de *natures,* de *qualités,* de *forces,* etc. en sorte que tout son système est, pour ainsi dire, en l'air et appuyé sur le vuide; mais il est aisé de remédier à cet inconvénient, en substituant à ces mots le *chaud* et le *froid,* les dénominations suivantes, la *substance chaude,* la *substance froide,* le *calor* et le *frigor* (ou le *calorique* et le *frigorique*) : car quelques

produit *des actions et réactions du ciel et de la terre*, tempérées les unes par les autres. Car c'est dans cet espace compris entre les parties les plus élevées des *cieux*, et les parties les plus intérieures de la *terre*, que se trouvent les plus violentes agitations, les combats et les luttes de toute espèce : à peu près comme, dans les empires, les frontières sont les plus exposées aux incursions et aux invasions, tandis que les provinces du centre jouissent d'une paix profonde : en sorte que chacune de ces deux natures contraires a perpétuellement la *faculté*, ainsi que le *desir* (la tendance à) de se multiplier continuellement elle-même,

---

physiciens, entre autres *Musschenbroeck*, prétendent que le froid n'est pas simplement une *privation*, ou une *diminution de chaleur*, ni *la sensation d'un certain mode* de la matière, mais une qualité propre à une espèce particulière de corps qu'ils désignent par le mot de *nitre* : selon eux, il existe des particules *frigorifiques* qui introduisent le *froid* dans un corps, en s'y introduisant elles-mêmes.

et d'engendrer quelque chose de semblable à soi, de se répandre en tous sens, d'occuper la masse entière et immense de la matière, de combattre et de surmonter son opposée, de la débusquer et de se mettre en sa place : qu'elle a de plus la *faculté* de *percevoir* les forces et les actions de sa contraire, en percevant aussi ses propres forces et ses propres actions; perceptions qui la mettent en état de se mouvoir et d'occuper la place qui lui convient relativement à l'autre; enfin, que de ce perpétuel combat résultent toutes les différentes espèces d'êtres, d'actions, de forces, de qualités, etc. Cependant ce philosophe, dont nous exposons le systême, paroît attribuer, dans quelques endroits de ses écrits, certaines qualités ou conditions à la *matière* (*passive*), ce qu'il ne fait toutefois qu'en hésitant et en très peu de mots. 1°. Il dit que la quantité de cette matière n'est jamais augmentée ni diminuée par les formes et les êtres actifs, mais que la somme des particules matérielles est toujours la même dans l'univers : 2°. il lui attribue le mouvement de *pesanteur* et de *chûte* (1). Enfin, il hazarde même quelques conjectures sur les élémens et la composition de cette matière : mais il s'explique avec plus de clarté, lorsqu'il dit que le *chaud* et le *froid* (leurs forces et leurs quantités étant supposées égales), agissent avec moins de force dans une matière rare et développée, que dans une matière très dense et très compacte; cette action dépendant moins de leur propre

---

(1) C'est ce *mouvement* qui est la véritable *cause du froid.* Car c'est parce que les particules de la matière *pèsent les unes vers les autres* et *s'attirent réciproquement,* qu'elles *se rapprochent;* et lorsque ce *rapprochement* a lieu dans notre propre corps (par une cause intérieure ou extérieure, physique ou morale, réelle ou idéale) nous sentons du *froid* : le *froid*, comme je l'ai dit, n'est que la *sensation* de ce *rapprochement.* Ainsi la grande loi, si bien démontrée par *Newton*, est encore susceptible de beaucoup d'applications auxquelles il semble n'avoir pas même pensé.

mesure que de celle de cette matière. Il a aussi tenté d'expliquer comment de cette lutte et de ce combat des deux contraires, peuvent résulter tant de générations et cette admirable fécondité de la nature; explication qu'il applique d'abord à la terre, qui est le principe de nature inférieure, et il fait voir pourquoi la terre n'a pas été depuis longtemps, et ne sera même jamais absorbée par le soleil (1). C'est, 1°. dit-il, parce qu'elle est à une *distance immense* des étoiles fixes, et même à une distance assez grande du soleil. La seconde cause qu'il assigne dans cette explication, c'est l'*obliquité des rayons solaires,* par rapport aux différentes parties de la terre ; car, dans la plupart des régions du globe terrestre, le soleil n'est jamais au *zénith,* et ses rayons ne frappent jamais

---

(1) Nous avons fait voir, dans une des notes précédentes, que notre planète retombera nécessairement tôt ou tard dans le soleil, quelque rare que puisse être le fluide où elle nage.

perpendiculairement la surface du sol ; en sorte que sa chaleur n'agit jamais sur la totalité du globe avec une très grande force. La troisième cause est *l'obliquité du mouvement du soleil dans sa révolution annuelle suivant le zodiaque* (*l'écliptique*), eu égard aussi aux mêmes parties de la terre ; d'où il arrive que la chaleur du soleil, quelle que soit son intensité absolue, ne croît pas perpétuellement, mais seulement par intervalles (dans certains temps). La quatrième cause est *la vîtesse du mouvement diurne du soleil* (1), qui fait une si grande révolution en si peu de temps : en sorte que la chaleur de cet astre n'agit pas longtemps sur les mêmes points, et n'y est pas deux instans de suite au même degré. La cinquième est cette matière qui se trouve sans interruption entre le soleil et la terre. Car l'espace que traversent les rayons solaires, n'est rien moins

---

(1) Mouvement réel, suivant lui, et apparent, suivant nous.

que vuide, mais rempli d'une infinité de corps qui résistent à leur action ; comme ils sont obligés de lutter contre ces corps, et de vaincre leur résistance, ils s'affoiblissent prodigieusement ; affoiblissement d'autant plus grand, que, plus ils se portent en avant et s'affoiblissent d'autant, plus aussi les corps qui se trouvent à leur rencontre leur opposent de résistance, sur-tout lorsqu'ils sont arrivés à la surface de la terre, où ils éprouvent non-seulement de la *résistance*, mais même une sorte de *répulsion* (1). Quant à la manière dont

―――――――――

(1) On pourroit objecter que le contact ayant lieu alors, c'est une *impulsion*, et non une *répulsion*: mais, si le contact avoit lieu, la *surface* du corps le plus *poli* étant toute hérissée d'*aspérités* qui sont comme autant de *montagnes* relativement aux parties infiniment déliées de la lumière, les rayons lumineux ne pourroient jamais être réfléchis assez régulièrement pour que *l'angle de réflexion fût égal à l'angle d'incidence* : or, l'expérience prouve que ces deux angles sont toujours égaux. Ce n'est donc pas la *surface* des corps qui

se fait cette transformation, voici à peu près quelle idée l'on peut s'en faire. Il règne entre ces deux natures une guerre éternelle, et, pour ainsi dire, sanglante : elles n'ont entre elles aucune analogie qui puisse leur servir de *lien commun*, et à l'exception du mouvement d'*Hylès* (1), il n'est point non plus de *tierce nature* (de nature intermédiaire), par le moyen de laquelle elles puissent s'unir : en conséquence, chacune de ces deux

---

réfléchit les rayons lumineux ; mais, ou ils sont *repoussés* avant d'être parvenus à cette surface, comme *Newton* l'a soupçonné, ou ils sont réfléchis par les parties de la lumière même, logées dans les pores de cette surface comme dans autant de chatons ; conjecture hazardée par l'abbé *Nollet*.

(1) *Hylès*, dans le *Novum Organum*, désigne le mouvement d'*expansion*, ou celui de *contraction*; mais ce mot désigne ici ces deux mouvemens réunis : réunion d'où résulte le mouvement de *vibration*, d'*oscillation* ou de *trépidation* ; genre de mouvement qui est également l'effet du chaud et du froid ; ce que nous avons aussi fait voir dans une note du vi^e. volume, pag. 217.

natures tend, par un effort perpétuel, à détruire l'autre, à s'introduire dans toute la masse de la matière, et à y régner seule. Le *soleil*, par exemple (comme l'auteur dont nous parlons le dit souvent en propres termes), *tend à convertir* la terre en *soleil*, et réciproquement la terre tend à convertir le soleil en *terre* (1); ce qui n'empêche pas que tout ne marche suivant un ordre constant, dans des temps déterminés, avec des mesures précises et convenables; en sorte que chaque action est préparée, commence, continue, croît, décroît et cesse, conformément aux loix auxquelles tous les êtres sont soumis (2);

---

(1) Les observations réunies du *diamètre apparent* et de la *parallaxe* horizontale du soleil, prouvent que cet astre est au moins un million de fois plus gros que la terre : en conséquence, si la terre a *le projet* de convertir le soleil en terre, selon toute apparence, elle ne réussira jamais dans son dessein.

(2) J'ai fait voir dans un des supplémens du *Novum Organum*, tom. VI, pag. 356, que la tendance

tous effets qui ne sont pas produits par les loix résultantes de l'*analogie* ou de l'*accord* de ces deux natures (substances), mais par une sorte d'*impuissance* (par l'impuissance actuelle de l'une des deux); car l'augmentation ou la diminution de toute force ou action de ce genre, ne vient pas simplement d'une cause capable d'en augmenter ou d'en diminuer l'intensité, mais du choc (de l'action) de la nature (force) opposée, qui lui fait *obstacle*, et qui lui sert comme de *frein*. La diversité, la multiplicité, et même la complication de toute opération de ce genre, a nécessairement

---

de chacune de ces deux forces (ou plutôt de chacune de ces deux substances où elles résident) à prédominer totalement, n'empêche pas qu'elles n'entretiennent l'équilibre et l'ordre dans l'univers; parce que chacune, passé un certain point, ne peut plus croître sans diminuer proportionnellement les conditions nécessaires à sa propre action, et augmenter les conditions nécessaires à l'action de son opposée ; et j'ai appuyé de plusieurs exemples cette dernière proposition.

pour cause une de ces trois choses, *la force de la chaleur, la disposition de la matière, et la manière dont cette chaleur a agi précédemment, ou agit actuellement sur cette matière.* Cependant ces trois choses sont unies par des relations très étroites, et sont réciproquement causes et effets l'une de l'autre. La chaleur, envisagée seule, peut différer d'elle-même par sa *force* (spécifique), par sa *quantité* (son *intensité*, et la *quantité de matière*, essentiellement ou accidentellement chaude), par sa *durée*, par le *milieu* à travers lequel elle agit ; enfin, par le *mode* de sa *succession :* elle est susceptible de plusieurs genres de variations, par rapport à sa succession même ; telles que le rapprochement ou l'éloignement du corps chaud, l'augmentation ou la diminution, soit graduelles, soit soudaines, de cette chaleur, ses retours ou ses réitérations, par intervalles de temps, plus ou moins grands ; et beaucoup d'autres semblables : on peut distinguer des chaleurs d'une infinité d'espèces qui diffèrent les unes des autres par leur *force* et leur *nature*, selon que leur degré de pureté est plus ou moins inférieur à celui de la chaleur du soleil, qui est la première source de toutes. Il ne faut pas croire non plus que toutes les chaleurs, sans distinction, puissent se fomenter mutuellement; mais, lorsque leurs degrés diffèrent notablement, elles peuvent s'affoiblir ou se détruire réciproquement, comme le font des degrés de froid très différens : en sorte que, suivant l'expression de *Télèse*, les chaleurs très foibles sont, par rapport aux chaleurs très fortes, des espèces de *traîtres* et de *transfuges* qui conspirent avec le *froid* (1).

---

(1) La chaleur, considérée dans l'homme, n'est, comme nous l'avons dit, que la sensation de l'expansion de la matière de notre corps, et le froid est la sensation de sa contraction. Or, toutes les parties de la matière inerte, y compris celles de notre corps, tendent naturellement à se rapprocher les unes des autres, quand aucune cause

Aussi voit-on que cette chaleur vive qui réside dans le feu, et qui semble darder son action, étouffe et tue, en quelque manière, cette chaleur plus foible qui serpente, pour ainsi dire, dans l'eau : et de même on sait qu'une chaleur *non naturelle*, excitée dans le corps humain par des humeurs putrides, éteint et suffoque la chaleur naturelle. Que la chaleur soit susceptible de très grandes différences, par rapport à sa quantité, c'est une vérité trop connue et trop évidente, pour avoir besoin de preuves; on sait assez qu'un ou deux charbons n'é-

---

n'empêche ce rapprochement. Ainsi, quand la chaleur diminue, c'est-à-dire, quand la *cause* qui *écarte* les parties de notre corps cesse d'agir, ou agit avec moins de force, elles *se rapprochent* naturellement, nous *sentons* ce *rapprochement*, et nous avons *froid*: ainsi, le froid n'est pas précisément une *diminution de chaleur*, mais seulement l'*effet* médiat et nécessaire de cette *diminution*; et c'est parce que cet effet est inséparablement attaché à sa cause, qu'on prend ordinairement l'un pour l'autre.

chauffent pas autant qu'un plus grand nombre. On peut juger des effets de l'augmentation de la quantité de chaleur, par ceux de la multiplication et de la concentration des rayons solaires, par voie de réflexion; car une seule réflexion double le nombre de ces rayons (qui agissent), et plusieurs réflexions réunies en augmentent le nombre, dans une plus grande proportion (c'est-à-dire en proportion que ces réflexions se multiplient). On doit rapporter aussi et joindre aux effets de la quantité primitive et originelle de la chaleur, ceux de sa *réunion* (de la réunion ou du rapprochement des corps chauds). C'est ce dont on peut juger également (et par la même raison), en comparant les effets de *l'obliquité* des rayons solaires, avec ceux de leur *perpendicularité*. Car, plus *l'angle* que le *rayon réfléchi* fait avec le *rayon direct* (*incident*) est *aigu*, et en conséquence, plus ces deux *rayons se rapprochent* l'un de l'autre, plus la *chaleur* qu'ils produisent est *forte* et *sensible*. Le soleil même, lorsqu'il répond à certaines étoiles de la première ou de la seconde grandeur, et à celles qui jettent le plus d'éclat, telles que *Sirius, Regulus* ou l'*Epi* (de la Vierge), excite de très grandes chaleurs. Il est également certain que les *effets* de la *chaleur* dépendent beaucoup de sa *durée*; les effets de toute espèce de force ou d'agent naturel étant, comme l'on sait, proportionnels à la durée de son action; car d'abord cette action a besoin d'un certain temps, pour produire son effet, et il en faut beaucoup pour augmenter sensiblement cet effet. En conséquence, l'effet de la durée de la chaleur est de convertir une chaleur égale et uniforme, en une chaleur progressive et par conséquent inégale; comme on en voit des exemples et des preuves dans ces chaleurs si fortes qui se font sentir quelques temps après le solstice d'été, et quelques heures après midi. Car, quoique, dans ces deux temps, la chaleur produite par l'action actuelle du soleil, qui est alors moins élevé sur l'horizon, soit moins grande ; cependant, comme les degrés de chaleur qu'il produit actuellement, se joignent à ceux qu'il a produits antérieurement, l'effet total, qui est proportionnel à la somme de ces degrés, est alors plus grand, à cause de leur accumulation ; et même dans les régions les plus septentrionales et les plus froides, où les rayons solaires, qui sont très obliques, même durant l'été, agissent avec peu de force ; l'effet de cette obliquité est quelquefois (durant cette saison) compensé par la longue durée des jours et de l'action de cet astre. Le *milieu* qui transmet la chaleur, et qui en est comme le *véhicule*, est aussi une cause qui peut augmenter ses effets ; c'est ce que prouvent assez ces variations dans la température, et ces changemens de temps qu'on observe dans une même saison ; par exemple, il règne quelquefois un froid assez sensible durant l'été, et une température assez douce durant l'hiver. De même un vent de midi et un temps pluvieux ou nébuleux ont une influence très sensible sur les vignes, les blés et les autres productions de la terre, quoique le soleil décrive son orbite comme à l'ordinaire, et qu'on n'y observe aucun changement à cet égard (e). Les différentes dispositions et constitutions de la température répondant aux différentes révolutions des saisons et des années, constitutions qui sont tantôt pestilentielles et morbifiques, tantôt salutaires et bienfaisantes, dérivent de cette source même que je viens d'indiquer, je veux dire des différentes constitutions de l'air, qui est le milieu commun; ces dispositions dépendent elles-mêmes des vicissitudes et des altérations de la température, dans les temps précédens, la température de chaque année et de chaque saison influant de proche en proche sur celles des saisons ou des années suivantes, et beaucoup plus long-temps peut-être qu'on ne le pense. Or, comme la succession, ou, si l'on veut, l'ordre dans lequel se succèdent les différens degrés de chaleur, influe sur cette chaleur même de plusieurs manières, cette influence en est d'autant plus grande ; et le soleil ne pourroit être une cause si puissante et une source si féconde de générations de toute espèce, si la situation même de cet astre, qui est le grand mobile (moteur) du tout, ne varioit d'une infinité de manières, par rapport à la terre et à ses difrentes parties ; car le soleil décrit une orbite circulaire ; son mouvement est rapide, son cours est oblique (il décrit l'écliptique qui est oblique par rapport à l'équateur), et il revient sur ses pas (il va et revient sans cesse d'un tropique à l'autre) ; mouvement d'où résulte nécessairement la succession alternative de sa présence et de son absence, de son éloignement et de son rapprochement, de l'obliquité et de la perpendicularité de ses rayons, de ses retours plus prompts ou plus tardifs : en sorte que, dans aucun temps, ni dans aucun lieu, la chaleur émanée du soleil n'est uniforme, ou ne revient aussi-tôt au même degré, si ce n'est peut-être sous les tropiques (1) ; et que ces grandes variations, dans le corps (l'astre), engendrant, correspondent parfaitement à des variations non moins grandes dans les corps engendrés. A quoi l'on peut ajouter les variétés et les variations innombrables dans la nature et la constitution du milieu, ou du véhicule. Or, tout ce que nous venons de dire sur les effets des différens degrés d'une chaleur d'une seule et même espèce, peut être appliqué aux effets des vicissitudes et des différens modes de succession des chaleurs de différente espèce. Ainsi, c'est avec fondement qu'*Aristote* a prétendu qu'on devoit attribuer les générations et les corruptions des composés à cette route oblique que le soleil suit en décrivant le *zodiaque* (l'écliptique). On doit observer toutefois que

---

(1) Sur-tout près des *tropiques*, où le soleil, dans l'espace de quelques jours, se trouve deux fois au zénith, et repasse aussi-tôt par les mêmes degrés, d'où résultent deux étés consécutifs.

sa manie de prononcer magistralement sur tout, de se porter, en quelque manière, pour arbitre de la nature, de faire à son gré des distinctions et des combinaisons, a dénaturé cette grande idée, et lui en a ôté presque tout le mérite. Son erreur consiste en ce qu'au lieu d'attribuer la génération et la corruption (qui, pour le dire en passant, n'est jamais purement privative (destructive), mais *grosse* d'une autre génération (mais suivie de la génération d'un autre composé), à l'inégalité de la chaleur du soleil, prise en totalité ; je veux dire à l'éloignement et au rapprochement de cet astre, pris ensemble, il a attribué spécialement et distinctement la génération au rapprochement du soleil, et la corruption à son éloignement ; explication peu judicieuse et trop semblable à celles du vulgaire. Que si quelqu'un, voyant attribuer au soleil toutes les générations, étonné d'une telle explication, nous objectoit que le soleil est, avec raison, regardé comme un *feu*, et que l'effet propre du feu est plutôt de *détruire* que d'*engendrer*, nous lui répondrons que cette objection est frivole, et n'a d'autre fondement que cette opinion fantastique qui suppose que les effets du soleil et ceux du feu artificiel sont essentiellement différens; l'expérience et l'observation prouvent qu'ils ont une infinité d'effets communs; par exemple, ils ont l'un et l'autre la propriété de mûrir les fruits, de conserver, dans les pays froids, les plantes délicates des pays chauds; de faire éclorre les œufs, de clarifier les urines troubles (car nous rapportons à la même classe la chaleur des rayons solaires et celle des animaux); de ranimer et de ressusciter, en quelque manière, ces animaux engourdis par le froid, d'exciter des vapeurs et des exhalaisons, etc. Cependant il faut convenir que l'action de notre feu n'imite que très imparfaitement celle du soleil, et que ses effets n'en approchent pas; car la chaleur du soleil a trois caractères distinctifs qu'il seroit difficile de donner tous au feu artificiel. 1°. Cette chaleur est *plus douce* et plus *salubre* que celle du feu commun, par cela même qu'elle est *plus foible*, à cause de la grande distance de cet astre; avantage toutefois qu'il ne seroit pas impossible de se procurer, par le moyen de l'art, les moyens d'exciter et d'entretenir une telle chaleur étant plutôt inconnus que difficiles à imaginer. 2°. La *chaleur* de cet astre est *transmise par une infinité de milieux* qui sont de nature à lui donner des *propriétés particulières*, entre autres cette *force générative* et *prolifique* dont nous parlions. 3°. (Et cette dernière différence est la principale), elle est *très variable* et d'une *inégalité*, en quelque sorte, *régulière;* car elle croît, décroît, commence, cesse toujours *graduellement;* ses différens degrés ne se succédant jamais les uns aux autres précipitamment et comme par *sauts*. Il seroit difficile de graduer ainsi la chaleur du feu artificiel, et de la faire passer par des milieux de cette espèce : cependant nous présumons qu'à force d'industrie, d'attention et d'adresse, on pourroit parvenir à ce double but. Telles sont, en substance, les observations que *Télèse* a faites sur les différentes espèces et les différens degrés de chaleur.

Quant au *froid*, qui est le principe contraire, à peine daigne-t-il faire mention de la manière dont il se gradue et se distribue, à moins qu'il n'ait pensé que les observations qu'il a faites sur la disposition de la matière (sujet que nous allons traiter en second lieu), étoient suffisantes pour remplir cet objet; ce qu'il devoit d'autant moins penser, que lui-même prétendoit que le *froid* n'étoit rien moins qu'une *simple privation de chaleur*, mais un *vrai principe actif*, rival de la chaleur, et, en quelque manière, son *compétiteur*. Or, tout ce qu'il dit touchant la disposition de la matière, n'a d'autre but que celui de faire voir comment la chaleur agit sur cette matière, la travaille, la modifie, la transforme, etc. sans faire aucune mention du *froid* auquel il semble même ne pas penser; nous y penserons pour lui, et nous dirons ce qu'il auroit pu dire sur ce sujet, nous qui examinons tout avec toute la bonne foi dont nous sommes capables, et avec une sorte de prévention favorable pour les inventions d'autrui. L'*immobilité* et la *situation fixe* de la masse, qui est le siège principal du *froid*, répond parfaitement à la *mobilité* et à la *versatilité* de la substance, qui est le *siège* et le *sujet* de la *chaleur;* c'est, en quelque manière, *l'enclume immobile sous le marteau;* car, si les deux principes (contraires) eussent été également variables et faciles à altérer, ils n'auroient produit et engendré que des êtres passagers et éphémères. De plus, la *densité* et la *solidité* de la matière du globe terrestre et des corps adjacens, compense, jusqu'à un certain point, l'étendue immense de la région du feu (c'est-à-dire de la région céleste). En effet, ce qu'il faut envisager ici, c'est beaucoup moins la *grandeur des espaces* que la *quantité de matière* qu'ils contiennent; c'est avec raison qu'on ne fait point ou presque point mention de la nature du *froid*, de sa force, et de la manière dont il agit, attendu que nous n'avons sur ce sujet aucune observation ou expérience qui puisse nous diriger avec sûreté. Car, si, d'un côté, le *feu artificiel*, qui est comme le *lieutenant du soleil*, et qui manifeste la nature de la chaleur, est en notre disposition; de l'autre, nous n'avons rien que nous puissions substituer de la même manière au *froid de la terre*, et trouver toujours sous notre main, pour faire des observations ou des expériences de ce genre. Ce froid rigoureux qui transpire du globe terrestre et de la région circonvoisine, durant l'hiver, ou dans les pays froids, presque en tout temps, n'est qu'une sorte de *tiédeur*, et même de *bain chaud*, en comparaison de celui qui est renfermé dans le sein de la terre; en sorte que ce froid dont l'homme a la sensation et la possession, le met, à cet égard, dans une situation semblable à celle où il seroit, s'il n'avoit en sa disposition d'autre chaleur que celle qu'excite le soleil, durant les étés les plus chauds, ou dans la zône torride (en tout temps); chaleur qui, comparée à celle d'une fournaise ardente, peut être regardée comme une sorte de *fraîcheur;* mais ce *froid* que l'homme substitue, par le moyen de l'art, au froid naturel, ne mérite pas de fixer notre attention. Ainsi, il nous reste à examiner les assertions de Télèse, touchant la disposition de la matière sur laquelle la chaleur agit, et dont l'effet est de provoquer, de renforcer, d'empêcher, ou de changer l'action qui lui est propre ; elle peut influer de quatre manières différentes sur cette action, et avoir quatre espèces d'effet. La première différence se tire de la *chaleur préexistante,* ou non, dans le corps en question ; la seconde, de la *quantité* plus ou moins grande de la *matière* de ce corps ; la troisième, du degré de *souplesse de cette matière* (1) ; la quatrième, de la *dilatation* ou de la *contraction* du corps sur lequel elle agit. Quant à la première différence, *Télèse* prétend que, dans tous les corps connus, réside une certaine chaleur occulte (2), et qui, pour n'être pas sen-

---

(1) *Souplesse* n'est pas le terme propre ; mais il rend un peu mieux la pensée de l'auteur, que ne le fait celui qu'il a employé lui-même ; car il s'agit ici de désigner la *disposition actuelle d'une matière qui, ayant déjà été travaillée, est par cela même plus aisée à travailler de nouveau :* or l'auteur emploie ici le mot *subactio,* qui ne rend point du tout son idée, puisqu'il s'agit d'une *disposition passive,* qui doit être désignée par un mot ayant l'une ou l'autre de ces deux terminaisons, *ilitas, bilitas.* Nous donnons ici au mot *souplesse* la signification qu'il auroit dans la phrase suivante : c'est une matière *souple* et *obéissante.*

(2) Le lecteur doit toujours se rappeler que *Télèse,* et *Bacon* lui-même, désignent par ce mot de *chaleur,* tantôt un *mode,* tantôt une *substance;* je n'ai pu, dans ce dernier cas, y substituer le mot *calor* de *Crawfurd,* ni le mot *calorique*

sible au tact, n'en est pas moins réelle ; que cette chaleur originelle se joint à celle qui survient dans ce corps ; enfin, qu'elle est provoquée et excitée par cette dernière à exercer l'action qui lui est propre, et à agir par elle-même. Ce qui prouve cette assertion, ajoute-t-il, c'est qu'il n'existe aucun corps, soit *métal*, soit *pierre*, *eau* ou *air*, que le contact ou l'approche du feu, ou d'un corps chaud, ne puisse échauffer lui-même ; effet qui, selon toute apparence, n'auroit pas lieu, si une chaleur *préexistante* et cachée dans ce corps, ne le préparoit à recevoir et à contracter cette chaleur nouvelle et sensible ; il prétend même que le plus et le moins, à cet égard, je veux dire, la facilité, plus ou moins grande, des différens corps à s'é-

---

de nos chymistes ; parce que les chymistes actuels désignent, par l'un ou l'autre de ces deux mots, une *substance matérielle* ; au lieu que *Télèse*, d'après *Parménide*, suppose que le *froid* et le *chaud* sont *incorporels*.

chauffer, est proportionnelle à la *mesure* de cette *chaleur préexistante*; l'air, par exemple, ajoute-t-il, est très susceptible à cet égard; le plus foible degré de chaleur se communiquant aisément à ce fluide, même celui que recèle la substance de l'eau, et qui n'est pas sensible au tact; l'*eau* elle-même s'échauffe plus promptement que la *pierre*, le *métal* ou le *verre*. Si tel corps d'une de ces trois dernières espèces paroît s'échauffer plus vîte que l'*eau*, c'est tout au plus à sa surface, et non dans son intérieur, attendu que la communication de partie à partie est moins facile dans les solides que dans les fluides; c'est par cette raison que la surface des métaux s'échauffe plus promptement que celle de l'eau, au lieu que leur intérieur et leur masse totale s'échauffent plus lentement. La seconde différence se tire de la *quantité de matière* comprise sous un volume déterminé. Si le corps en question est fort *dense*, les forces partielles de la chaleur y étant plus réunies et plus concentrées, leur effet doit être augmenté d'autant; au lieu que, dans un corps *rare*, ces forces étant *plus dispersées*, leur effet doit être moindre (f). C'est ainsi, par exemple, que la chaleur des métaux en incandescence, est plus forte que celle de l'eau bouillante, et même que celle d'une flamme, en observant toutefois que cette flamme, à cause de sa ténuité, est plus pénétrante ; car la flamme des charbons ardens ou du bois n'a pas une très grande activité, à moins qu'elle ne soit animée par le souffle ou le vent, qui, en la mettant en mouvement, la pousse vers le corps sur lequel elle doit agir, et la met ainsi plus en état d'y pénétrer. De plus, la chaleur de certaines flammes, comme celle de l'esprit de vin (sur-tout lorsqu'elle a peu de volume et est peu concentrée), est si foible, que la main pourroit presque l'endurer. La troisième différence, qui est la *souplesse* de la matière, se subdivise en plusieurs autres plus petites ; et, selon lui, elle est susceptible de sept degrés différens. Le premier de ces degrés est la *ductilité* ou la *flexibilité* (et la malléabilité), qui est l'état ou le mode d'une matière disposée à céder un peu à une action très violente; savoir, à celle qui tend à la comprimer ou à l'étendre, mais sur-tout à celle de la dernière espèce ; 2°. la *mollesse*, c'est-à-dire la disposition ou l'état d'un corps qui obéit à une action beaucoup moins forte, ou même qui cède à la plus légère impulsion et au simple tact de la main, sans opposer une résistance sensible ; 3°. la *viscosité* ou la *ténacité*, qui est, en quelque manière, un commencement de *fluidité;* car un corps visqueux, au plus léger contact d'un autre corps, commence à *couler,* ou plutôt à *filer,* sans solution de continuité ; il perd aisément ses dimensions et sa figure, quoiqu'il n'ait pas d'écoulement spontanée ; les parties d'un fluide adhérant, avec plus de force, les unes aux autres (qu'elles n'adhèrent à tout autre corps), au lieu que celles d'un corps visqueux adhèrent plus fortement à un corps extérieur que les unes aux autres.

4°. La *fluidité* même, ou la disposition d'un corps qui renferme une certaine quantité d'esprit, dont les parties sont très mobiles, et n'adhèrent que les unes aux autres; qui a peu de consistance, n'a point de dimensions fixes, et perd aisément sa figure.

5°. L'état de *vapeur*, ou celui d'une matière atténuée au point d'être *intangible,* et qui est encore plus fluide, plus mobile et plus disposée à céder à la moindre impression, que celles de la classe précédente; enfin, à qui la plus légère pression, ou impulsion, donne des mouvemens d'*ondulation* et de *trépidation.* Le sixième est l'état d'*exhalaison grasse* (*onctueuse*), qu'on peut regarder comme une sorte de *vapeur,* qui, après avoir subi une *concoction* plus parfaite, est parvenue à une plus grande maturité, et qui, ayant ainsi plus d'analogie, d'affinité avec la nature ignée, est plus disposée à s'enflammer. Le septième est celui de l'*air* même, qui, suivant *Télèse,* est réellement doué d'une *chaleur native,* assez grande et assez active, comme on n'en pourra douter, si l'on considère que, dans les régions même les plus froides, il ne se gèle, ni ne se coagule jamais. En second lieu, ajoute-t-il, ce qui prouve évidemment que *l'air* est naturellement *chaud,* c'est que tout air renfermé, séparé de la masse de l'air atmosphérique, et abandonné à lui-même, contracte aisément une certaine tiédeur (un foible degré de chaleur), comme on l'observe journellement dans la *laine* et les autres *matières filamenteuses.* De plus, dans les lieux clos et peu spacieux, l'*air* qu'on respire est comme *suffocant* (1) ; ce qui vient de ce que l'air, lorsqu'il est ainsi

---

(1) L'air qu'on respire dans un lieu clos et peu spacieux, est suffocant, parce qu'il a déja été, en partie, respiré et décomposé par cette respiration. L'homme, ainsi que tous les autres animaux, empoisonne l'air qu'il respire.

renfermé, commence à recouvrer la nature qui lui est propre (les qualités qui lui sont propres); au lieu que l'air extérieur et atmosphérique est continuellement rafraîchi par ce *froid* qui transpire et s'exhale du globe terrestre. Ajoutez à cela que l'air commun, celui, dis-je, que nous respirons ordinairement, étant modifié par les corps célestes, participe quelque peu de leurs qualités; car, en premier lieu, il recèle un foible degré de lumière, comme on en voit des exemples dans ces animaux qui peuvent voir durant la nuit et dans les lieux obscurs. Tels sont, suivant *Télèse,* les différens degrés dont la disposition de la matière est susceptible : mais il ne s'agit ici que de ses états moyens; car, dans cette énumération, il n'a pas compris les deux extrêmes ou limites ; savoir, d'un côté, les corps *durs* et *roides,* et de l'autre, le *feu* lui-même (1). Mais, outre ces diffé-

---

(1) Il n'a pas dû l'y comprendre, puisqu'il le croit *incorporel, immatériel.*

rences, par rapport au degré, il dit que cette disposition peut aussi varier prodigieusement, à raison de la diversité des parties constitutives d'un composé; les différentes portions (espèces) de matière qui se trouvent réunies et combinées dans un même corps, pouvant être rapportées à un seul de ces degrés dont il a fait l'énumération, ou à plusieurs degrés différens; c'est-à-dire, les unes à tels degrés, et les autres à d'autres; ce qui peut varier à l'infini l'action et les effets de la chaleur. Ainsi, cette quatrième différence dépend aussi nécessairement de la *texture* et de la *situation* du corps sur lequel la chaleur agit; ce corps pouvant être ou clos et compact, ou d'un tissu plus lâche et exposé à l'air libre. Car, dans le dernier cas, la chaleur n'agit que par degrés, en prenant, pour ainsi dire, les parties une à une, en les séparant peu à peu les unes des autres, et en en détachant quelques-unes de la masse : au lieu que, dans le premier cas, elle pénètre toute cette masse, elle agit sur le tout ; car alors elle n'éprouve aucun déchet ; mais la chaleur préexistante et la nouvelle se réunissant, elles concourent à la production de l'effet : d'où résultent des altérations plus grandes, plus intimes, plus profondes et plus complètes, quelquefois même des transformations proprement dites. Mais nous entrerons dans de plus grands détails sur ce sujet, lorsque nous traiterons du *mode de l'action*, d'où résultent ces dispositions de la matière. Cependant, *Télèse* fait de vains efforts pour marquer les vraies différences et faire des distinctions bien précises entre ces cinq qualités primaires ; la *chaleur*, la *lumière* (la *lucidité*), la *ténuité*, la *mobilité* ; et les quatre opposées ; savoir, le *froid*, l'*opacité*, la *densité* et l'*immobilité* ; enfin, pour expliquer comment celles de la première classe peuvent se trouver combinées (1 à 1, 2 à 2, 3 à 3, etc.) avec celles de la classe opposée, dans les mêmes corps : en effet on voit, à chaque instant, des corps actuellement *chauds*, ou très disposés à le devenir, qui ne laissent pas d'être *denses, immobiles* et *noirs*. On en voit aussi d'autres qui, étant *ténus, mobiles* et *lumineux*, ou *blancs*, ne laissent pas d'être *froids*; et il en est de même des autres : car quelques-uns de ces corps ont telle des qualités de l'une de ces deux classes, sans avoir les trois autres ; ou deux seulement, sans avoir les deux autres; toutes ces qualités de l'une et de l'autre classe se réunissant et se combinant d'une infinité de manières qui ne s'accordent point du tout avec son système et ses suppositions. *Télèse* se tire assez mal de toutes ces difficultés, et n'imite que trop la conduite de ses adversaires, qui commencent toujours par hazarder des décisions magistrales, avant de faire des observations ou des expériences; et qui, dans l'explication des faits particuliers, après avoir abusé soit de leurs facultés intellectuelles, soit des choses mêmes, et tourmenté à pure perte les unes et les autres, se flattant d'avoir surmonté toutes les difficultés, triomphent orgueilleusement et abondent dans leur propre sens : à ce triomphe toutefois succèdent le découragement et de simples vœux : car, dans sa conclusion, il prétend qu'à la vérité on peut distinguer et déterminer en gros, et, pour ainsi dire, en masse, soit les différentes forces et mesures de la chaleur, soit les différens modes ou degrés de disposition de la matière, mais qu'il est impossible à l'esprit humain d'assigner, de distinguer et de déterminer avec exactitude et précision ces modes et ces degrés ; qu'il y a toutefois du plus et du moins dans cette impossibilité même ; les différens modes et degrés de disposition dont la matière est susceptible, étant plus faciles à distinguer, que les différens degrés de force et les différentes mesures de la chaleur (g); malheur d'autant plus grand, ajoute-t-il, que ces connoissances (si elles pouvoient être acquises) seroient l'unique moyen d'étendre, autant qu'il seroit possible, et de porter au plus haut point d'élévation la science et la puissance humaine :

voici comment il s'exprime à ce sujet et quels sont ses propres termes : *Il seroit inutile de chercher et de vouloir déterminer l'espèce, la quantité et la mesure de chaleur nécessaires pour opérer des transformations ; l'espèce de matière, le mode et le degré de disposition* (dans la matière à transformer) *nécessaires pour exécuter ces transformations ; enfin, les espèces d'êtres qui peuvent être transformés, par ces moyens en telles ou telles autres espèces ; des recherches de cette nature excédant les limites de l'intelligence humaine. En effet, quel est le mortel qui puisse déterminer les forces respectives des différentes espèces de chaleurs, diviser, en quelque manière, la chaleur même en ses degrés ; enfin, déterminer la quantité de matière où cette chaleur réside, ou est introduite : puis, après s'être assuré de ces déterminations, approprier avec justesse et précision telle quantité, telle disposition et telle action de la matière, à telle force et à telle quan-*

tité déterminée de chaleur: ou réciproquement approprier telle force et telle quantité déterminée de chaleur, etc. (1). Plût à Dieu que les hommes doués d'un génie pénétrant, qui ne manquent pas de loisir, et qui peuvent contempler la nature dans une parfaite tranquillité, pussent atteindre un jour à ce grand but ! S'ils nous procuroient de telles connoissances, non-seulement nous *saurions tout*, mais même nous *pourrions tout*. Du moins *Télèse*, en avouant ingénument son impuissance, à cet égard, et en exhortant les autres à entreprendre ce qu'il croit au dessus de ses forces, est-il en cela de meilleure foi que ses adversaires, qui, dans tous les cas où l'art qu'ils ont eux-mêmes enfanté, est insuffisant pour les mener à un but, ne manquent pas de déclarer,

---

(1) Le lecteur ne doit pas oublier que cette chaleur réside dans une substance *incorporelle*, et qu'il n'est pas facile de se faire une idée nette *du plus* et *du moins*, dans de telles substances.

d'après les principes mêmes de cet art prétendu, que la chose est tout-à-fait impossible : en sorte que l'art ne court jamais risque de perdre son procès, attendu qu'il est lui-même juge et partie.

Il nous reste à parler du troisième point de considération ; je veux dire *du mode de l'action* (1). Le sentiment de *Télèse* sur ce point se réduit à trois assertions. 1°. (Et cette première observation, nous l'avons déjà faite nous-mêmes), il n'admet dans la nature aucune espèce de *symbolisations* (de *correspondances*, d'*harmonies*, ou de *corrélations harmoniques*), semblables à celles que supposent les *Péripatéticiens*, et en vertu desquelles certains corps agissant, pour ainsi dire, de concert, s'aident réciproquement et concourent aux mêmes ef-

---

(1) L'auteur emploie le mot de *subactio*; notre langue ne fournit point de terme qui y réponde exactement ; il en faudroit un qui désignât le *mode actuel de la matière, et l'effet de la manière dont elle a été travaillée précédemment.*

fets. En conséquence, toute génération, et par conséquent tout effet, dans les corps, a pour cause non une *alliance* ou un *accord* de cette espèce, mais une *victoire*, une *prédominance* (de l'un des deux principes ou agens contraires sur l'autre) : cette assertion n'est rien moins que nouvelle; car *Aristote* lui-même, dans son examen du systême d'*Empédocle*, y relève cette même supposition. *Empédocle*, dit-il, après avoir avancé que la *discorde* (la *guerre* ou l'*inimitié*) et la *concorde* (l'*amitié* ou la *paix*), sont les deux principes et les deux causes efficientes de toutes choses, venant ensuite à expliquer la manière dont ces deux causes agissent, ne parle que de la *discorde*, et semble avoir entièrement oublié sa contraire (1). La seconde assertion

---

(1) *Bacon* ne fait que *jouer sur le mot*; et il veut dire qu'*Empédocle* ne parle que de l'opposition régnante entre l'inimitié et l'amitié. A ces deux mots figurés il faut substituer les deux dénominations suivantes, *la force répulsive et expansive*,

est que la chaleur, en vertu de son action propre, directe, prochaine et immédiate, tend à convertir en *humor* toute espèce de matière; en sorte qu'il ne faut rapporter ni la *sécheresse* à la *chaleur*, ni l'*humidité* au *froid*. *Atténuer* et *humecter* ne sont, au fond, qu'une seule et même chose; et ce qu'il y a de plus *ténu*, est aussi ce qu'il y a de plus *humide*, car on entend ici par substance, ou matière humide (*humor*), toute matière qui cède à la plus foible impression, qui se divise aisément, et se rétablit avec la même facilité; enfin, qui n'a point de dimensions ni de figures fixes et constantes; toutes conditions qui se trouvent plutôt réunies dans la *flamme* que dans l'*air* que les Pé-

---

et *la force attractive et contractive* : puis, en attribuant la première de ces deux forces à la matière de notre soleil, ou même à celle de tous les soleils; et la seconde, à tout le reste de la matière, si nous ne saisissons pas encore la vérité, du moins nous parlerons d'une manière intelligible; et notre erreur, si notre opinion en est une, sera plus facile à réfuter.

ripatéticiens toutefois regardent comme la substance la plus *humide :* qu'en conséquence, l'action propre de la *chaleur* est d'attirer l'humidité (l'*humor*), de s'en nourrir, de le dilater, de le répandre, de l'introduire dans les corps, de l'engendrer : au lieu que celle du *froid* tend toujours à la *sécheresse,* à la *concrétion,* au *durcissement* et à la *consolidation.* Dans cette partie de son exposé, *Télèse* prétend qu'*Aristote,* en rapportant la *sécheresse* à la *chaleur,* a été un observateur peu exact, et un systématique incohérent, qu'il a voulu commander à l'expérience même et l'assujettir à ses opinions fantastiques. Si la *chaleur,* dit-il, *dessèche* quelquefois les corps, ce n'est qu'*accidentellement* (médiatement), c'est parce que, dans un corps hétérogène, et composé de parties dont les unes sont très grossières, et les autres très ténues, la chaleur, en attirant ces dernières à la surface, en les atténuant encore davantage, et rendant, par ce moyen, leur émission plus facile, provoque ainsi cette émission (1). Les parties grossières se rapprochant et se serrant ensuite, le tout devient ainsi plus sec, plus dense et plus compact. Cependant, lorsque cette chaleur est un peu forte, les parties grossières s'atténuent aussi et deviennent fluides, comme on en voit un exemple dans les *briques*; car d'abord une chaleur d'une force médiocre suffit pour convertir en briques la terre grasse; mais une chaleur plus forte vitrifie cette matière même de la brique. Ces deux premiers dogmes peuvent être qualifiés de *négatifs*, et ne sont, à proprement parler,

---

(1) La chaleur atténue une certaine portion des parties grossières du composé, augmente la ténuité des parties déja atténuées, dilate les unes et les autres, ouvre les pores de ce composé, en écartant les unes des autres les parties solides, attire ainsi à la surface les parties suffisamment atténuées, les détache de la masse et les répand dans l'atmosphère : or, dès que ces particules qui servoient comme de *coins* pour tenir écartées les parties grossières, se sont exhalées, celles-ci se rapprochent.

que la *réfutation* de deux *erreurs*; mais le troisième est *affirmatif* et *positif* : or, non-seulement il est *positif*, mais de plus il établit une distinction fort juste, par rapport au *mode d'action;* ce mode, dit-il, se subdivise en deux autres ; ce peut être, ou une *réjection* (*répulsion* ou *expulsion*), ou une *conversion* (une *transformation*). L'un ou l'autre de ces deux modes est *réduit en acte* (a lieu, se réalise), selon que la chaleur a plus ou moins de force, et que la matière a telle ou telle disposition. Or, l'on peut établir sur ce point deux règles ou principes ; lorsque le chaud et le froid sont en grande masse, et formant pour ainsi dire deux armées complètes, se livrent un combat ; l'un des deux, savoir, le plus fort chasse l'autre de son poste ; car tous les corps, semblables à des armées, se poussent et se délogent réciproquement : mais, lorsque ces deux contraires sont en petite quantité, le résultat de cette lutte est une *conversion,* ou *transformation ;* et alors les corps sont plus disposés à périr ou à changer de nature, qu'à changer de lieu : c'est ce dont on voit un exemple frappant dans la région la plus élevée de l'atmosphère : quoiqu'elle soit plus voisine *de la région céleste*, qui est le siège propre et naturel de la chaleur, cependant elle est plus *froide* que celle qui est voisine de la surface de la terre. Car, dans cette partie de l'atmosphère, la moins éloignée de la région qui est le siège propre et naturel du *chaud* (du *calorique*), celui-ci se repliant, pour ainsi dire, sur lui-même, et se concentrant, repousse *toute la masse* (ou la totalité) du *froid* qui a pu s'élever jusques-là, et le chasse tout à la fois (1). De plus, il se pourroit qu'il régnât dans l'intérieur de la terre, et à une grande profondeur, une chaleur plus forte qu'à sa surface; car on peut présumer que, dans

---

(1) Chacun des deux contraires concentre son opposé, en le *repoussant* et le *refoulant*; car telle étoit leur idée, comme nous l'avons vu dans les ouvrages précédens.

la région voisine de celle du premier *froid,* celui-ci, excité et animé par l'action (1) de son contraire, le chasse, le repousse avec beaucoup de force, le fuit, se replie sur lui-même, se concentre et acquiert ainsi plus d'intensité. L'autre cause est que, dans un lieu découvert, la *chaleur* occasionne une *expulsion;* au lieu que, dans un *lieu clos,* elle produit une *conversion* (*transformation*). C'est ce dont on peut juger par ce qui se passe dans les opérations qu'on peut faire à l'aide des *vaisseaux clos;* où la matière atténuée (et vulgairement qualifiée d'*esprit*), ne pouvant s'exhaler et

---

(1) Par la *réaction* de son contraire; car ces réactions se présentent à chaque pas, la plupart des phénomènes ayant pour *causes* des *fluides élastiques,* tels que l'*air,* le *fluide vital* des animaux et celui qu'on peut regarder comme l'*agent universel :* mais, quoique la chaleur réside dans une substance très réelle, qui est probablement la matière solaire, il paroît très inutile de supposer l'existence d'un *froid positif,* puisque l'attraction newtonienne suffit pour l'expliquer.

étant comme emprisonnée, occasionne des fermentations et des altérations intimes et profondes : le même effet a lieu dans un corps très compact ; parce que ses parties étant fort serrées, il se sert, en quelque manière, à lui-même de *vaisseau.*

Tel est le systême de *Télèse,* et peut-être aussi celui de *Parménide;* systême toutefois où le philosophe moderne, dont l'esprit étoit dépravé par les préjugés des *Péripatéticiens,* a un peu mis du sien, en y ajoutant la supposition du mouvement d'*Hylès* (*d'expansion et de contraction*). Cette hypothèse ne seroit pas tout-à-fait dénuée de vraisemblance, si, ôtant de l'univers l'*homme* et les *arts méchaniques,* qui *tourmentent,* pour ainsi dire, *la matière,* on envisageoit ensuite le systême du monde, tel qu'il pourroit être après cette soustraction ; la théorie de *Télèse* est une sorte de *philosophie pastorale* qui semble contempler l'univers à son aise et par manière de *passe-temps;* car il fait des observations assez judicieuses sur l'*ensemble* et l'*ordre* de l'*univers*; mais il n'en est pas de même de ce qu'il dit sur *les principes* (h), il tombe même dans une erreur grossière, par rapport à cet *ensemble*. Dans son hypothèse, le *système du monde* semble être *éternel*, et il ne parle point du *chaos*, ni des variations sans nombre qui ont pu et dû même avoir lieu dans le grand *tout*. Toute philosophie, soit celle de *Télèse*, soit celle des Péripatéticiens, ou toute autre qui, en imaginant un système du monde, le bâtit, le balance et l'étaie, de manière qu'il ne paroisse point dériver du *chaos*, n'est qu'une philosophie superficielle, et qui se sent trop de la foiblesse naturelle de l'esprit humain (i); car tout homme qui ne raisonne que d'après le témoignage des sens, doit naturellement penser que *la matière est éternelle*; mais que cet ordre que nous voyons dans l'univers, ne l'est pas.

Tel étoit aussi le sentiment des sages de l'antiquité la plus reculée, y compris *Démocrite*, celui d'entre les philosophes grecs, dont la sagesse a le plus approché de celle des premiers temps. Nous trouvons ce même sentiment consigné dans les saintes écritures, avec cette différence toutefois que le texte sacré dit que la matière tient son existence de l'Être suprême ; au lieu que ces philosophes prétendent qu'elle existe par elle-même ; car il est, sur ce point, trois vérités essentielles que ce texte nous apprend : 1°. la *matière* a été *créée* et *tirée du néant;* 2°. le *systême* ou *l'ordre de l'univers est émané du Verbe divin* (de la parole du Tout-puissant), et par conséquent il est faux que la matière se soit d'elle-même *tirée du chaos,* et arrangée dans cet ordre que nous admirons ; 3°. cet *ordre* (du moins avant la prévarication du premier homme) étoit *le meilleur possible,* je veux dire le meilleur de ceux dont la matière (supposée telle qu'elle avoit été créée) étoit susceptible par elle-même : mais ces philosophes dont nous parlons, n'ont pu s'élever à aucune de ces vérités ; car, ne pouvant soutenir l'idée d'une *création*, ni croire que le monde ait pu être *tiré du néant*, ils prétendent qu'après une infinité de combinaisons irrégulières, qui étoient comme autant d'*essais*, la matière s'est enfin arrangée dans ce bel ordre. Ils s'embarrassent fort peu de l'*optimisme*, eux qui pensent que le monde même (ou la matière envisagée par rapport à son *ensemble*, et à la disposition de ses parties) *naît*, *meurt* et *renaît*, par une succession alternative, sans fin et sans terme ; en un mot, qu'aucune de ses *formes* n'est *constante*. Ainsi, c'est la foi qui doit être notre seul guide dans cette question, et c'est dans les livres destinés à l'affermir, que nous devons chercher la vérité ; mais la matière, une fois créée, auroit-elle pu, dans l'espace d'un nombre infini de siècles, se distribuer ainsi d'elle-même, et, en vertu de la seule force que le souverain auteur de toutes choses lui avoit imprimée, en la créant, s'arranger dans le meilleur ordre possible, comme elle l'a fait en un instant, par l'action puissante du

Verbe divin! C'est une question que nous ne devrions peut-être pas entreprendre de résoudre; l'acte qui opère en un instant ce qui, suivant le cours ordinaire de la nature, exigeroit un grand nombre de siècles, n'étant pas moins propre à la toute-puissance que celui de la création des êtres, et l'un n'étant pas moins miraculeux que l'autre. Or, il paroît que la nature divine a voulu se manifester et briller par cette double émanation de sa toute-puissance; 1°. en opérant, avec une puissance infinie sur l'*être* et le *néant*, je veux dire en *tirant l'être du néant*; 2°. en agissant sur le *mouvement* et le *temps*, c'est-à-dire en *accélérant le progrès de l'être*, et hâtant la marche de la nature qui est ordinairement si lente dans ses opérations. Mais nous devons renvoyer ces observations *à la fable du ciel*, où nous traiterons plus amplement ce sujet, que nous nous contentons ici de toucher en passant. Ainsi, nous allons continuer d'examiner le système de *Télèse*. Plût à Dieu que tous les philosophes convinssent une fois, d'un consentement unanime, de ne plus soutenir que les êtres réels sont composés d'êtres chimériques, et que les principes réels le sont d'êtres fantastiques ; enfin, de ne plus vouloir nier des choses visiblement contradictoires. Or, un principe *abstrait* n'est point un être *réel*, et de plus un être *mortel* ne peut être un *principe;* en sorte que l'esprit humain, pour peu qu'il veuille être d'accord avec lui-même, est forcé, par une invincible nécessité, de recourir à l'hypothèse des *atomes,* qui sont de véritables *êtres matériels,* ayant une *forme,* des *dimensions,* un *lieu,* etc. et ayant de plus l'*antitypie* (l'*impénétrabilité*) des *forces,* des *tendances,* des *mouvemens;* tandis que les corps naturels périssent, l'*atome* est *immuable* et *éternel* (1). En effet les corps d'un

---

(1) L'univers, comme nous l'avons dit ailleurs, est un *livre* immense, dont le suprême *auteur* donne, à chaque seconde, *une édition nouvelle,* avec des *caractères indestructibles et éternellement sub-*

grand volume (composés) étant sujets à une infinité de dissolutions, qui varient elles-mêmes à l'infini, il est de toute nécessité que ce qui reste *immuable*, et est comme une espèce de *centre fixe*, soit quelque chose de *potentiel* et d'*infiniment petit* (1). Or, cette chose dont

---

sistans. Platon, comme nous le disions aussi, prétend que le monde est composé du *même*, et de *l'autre*, c'est-à-dire, d'un *principe immuable* et d'un *principe variable*. L'*être immuable*, ou le *même*, c'est l'*atome*, l'*élément*. L'*être changeant*, ou *l'autre*, c'est l'*être composé* ; voilà *comment* et *pourquoi l'univers* est toujours *le même* et toujours *nouveau*.

(1) Les élémens ou les atomes sont immuables et, par cela même, infiniment petits. Car, s'ils n'étoient point immuables, on ne verroit point dans l'univers un ordre constant, nous n'aurions point de règle fixe et notre expérience ne nous serviroit à rien. Or, l'expérience même nous apprend que l'expérience est utile ; il y a donc des règles fixes ; l'ordre de l'univers est donc constant ; il y a donc dans l'univers quelque chose d'immuable. Or, les composés, sur-tout les corps organisés, varient sans cesse. Ainsi la chose *immuable*

nous parlons, n'est pas simplement *potentielle* (1), car le *premier potentiel* (le *potentiel primaire,* ou par excellence) ne peut être semblable aux autres potentiels (aux potentiels du second, du troisième ou de tous les autres ordres), qui sont *telle chose actuellement* et *telle autre chose en puissance,* ou *potentiellement* (c'est-à-dire qui, étant *changeans,* peuvent devenir *tout différens de ce qu'ils sont actuellement,* et qui d'ailleurs sont *composés*); mais il doit être

---

est l'*atome* ou l'*élément;* mais l'*élément* ne peut être *immuable* qu'autant qu'il est *indivisible;* et il ne peut être *indivisible* qu'autant qu'il est *infiniment petit :* ainsi, etc.

(1) J'emploie ici le mot *chose;* parce que, dans aucune langue, il n'existe d'autre mot, pour désigner tout à la fois la *substance* et le *mode :* or, on peut distinguer, dans chaque chose, la *faculté,* l'*acte* et l'*habitude;* car on peut considérer, ou ce qu'elle peut devenir, ou ce qu'elle est actuellement, ou ce qu'elle continue d'être : tous les atomes sont *potentiels* par rapport aux composés dont ils peuvent faire partie.

tout-à-fait *abstrait*, attendu qu'il exclut toute espèce d'*acte* (d'*actualité*), et renferme en lui-même toute espèce de *puissance* (k) : reste donc à supposer que cette *chose* en question est *infiniment petite*, à moins qu'on ne prétende qu'il n'existe point *réellement de principes ;* que les différens corps sont *réciproquement principes les uns des autres ;* que la loi et l'ordre de leurs transformations et de leurs variations sont constans, immuables et éternels ; que l'essence même est variable et passagère : ce qu'il vaudroit mieux déclarer formellement et affirmativement, que de s'exposer, à force de vouloir établir quelque *principe éternel*, à tomber dans une erreur cent fois pire, je veux dire dans celle de prendre pour tel un *principe* purement *fantastique ;* car du moins le premier de ces deux sentimens peut conduire à quelque résultat fixe ; savoir , à celui-ci, que, dans cette supposition , les corps de différente espèce , se changeant les uns les autres de proche en proche, ces changemens *font*, pour ainsi dire, le *cercle;* au lieu que la première hypothèse, en conséquence de laquelle on regarde comme des *êtres réels* de *pures notions* et de *simples conceptions* (qui, à proprement parler, ne sont, pour l'esprit humain, que des *adminicules* et des espèces d'*étais*), est sans issue, et ne mène absolument à rien. Cependant nous ferons voir ci-après que cette supposition même que nous faisons ici, ne peut se soutenir, et que les choses ne peuvent être ainsi ; mais, lorsque *Télèse* met aux prises l'un avec l'autre, *ses deux principes* ou *agens contraires,* le combat qu'il suppose alors entre eux, est étrange et tout-à-fait inégal, soit par rapport *au nombre des troupes,* soit relativement *à la manière de combattre ;* quant au premier de ces deux points, il prétend qu'il n'y a qu'une *seule terre,* et que notre *globe est unique* en son espèce, au lieu que l'*armée céleste* est innombrable. La *terre* n'est même qu'un *point* dans l'*univers,* au lieu que les espaces et les régions célestes sont immenses. Or, pour lever cette difficulté, il ne suffit pas d'observer que la *terre* et les corps congénères (analogues, de même nature) sont composés d'une matière très *dense* et très *compacte;* qu'au contraire le *ciel* et les *corps célestes* le sont d'une substance extrêmement *rare* et *ténue;* car, quoiqu'il y ait, sans contredit, une très grande différence, à cet égard, entre les corps de la première espèce et ceux de la dernière, cependant elle ne seroit pas encore assez grande pour rendre ces *deux armées égales,* ni même pour mettre entre elles une sorte de *proportion.* L'hypothèse de ce philosophe ne peut se soutenir qu'autant qu'il attribue à ses *deux principes* ou *agens* du premier ordre, sinon *des volumes égaux,* du moins des *quantités égales de matières :* autrement l'ordre de l'univers ne pourroit être durable, ni le système général, avoir quelque consistance. Car tout philosophe qui, étant déja d'accord avec *Télèse* sur tous les autres points, attribuera comme lui une quantité de matière infiniment plus grande à l'un de ses deux principes qu'à son opposé, sera embarrassé par des difficultés sans cesse renaissantes, et ne pourra jamais s'en tirer. Aussi *Plutarque,* dans ce petit dialogue qu'il a composé sur *cette espèce de visage qu'on croit voir dans la lune* (1), a-t-il observé très judicieusement, à ce sujet, qu'il n'est nullement vraisemblable que la nature, dans la distribution de la matière, ait *assigné au globe terrestre seul, toute la substance compacte;* sur-tout si l'on considère cette multitude immense d'astres qui roulent dans les cieux. *Gilbert,* séduit par cette idée, s'y est tellement abandonné, qu'il n'a pas craint d'avancer qu'il existe une infinité de globes, solides et opaques, comme la *terre* et la *lune;* globes qui sont semés dans les espaces célestes entre les globes lumineux (m). De plus, les Péripatéticiens, après avoir affirmé que les *corps célestes* sont *éternels* par eux-mêmes, et que les *corps sublunaires* ne le sont que par *succession* et par *ré-*

novation, ont cru ne pouvoir soutenir cette assertion qu'en assignant aux élémens (à tous les élémens) des quantités de matière, et pour ainsi dire, *des parts à peu près égales :* et c'étoit ce qu'ils vouloient dire, lorsqu'ils prétendoient que chaque élément a, en même temps, dix fois plus de volume et dix fois moins de densité que l'élément intérieur qu'il enveloppe (1); supposition fantastique, et qui peut être regardée comme un *rêve physique*. Cependant le but de ces observations n'est rien moins que de faire entendre que nous rejetons la totalité de ce système, mais seulement de faire voir que *telles de ses parties* ne peuvent *subsister ensemble ;* qu'à cer-

---

(1) En sorte que, suivant ces Péripatéticiens, la nature, pour la commodité de l'homme, a observé, dans la distribution de la matière, les mêmes proportions que les *Français*, à l'exemple des *Chinois*, ont choisies pour *leurs monnoies, leurs poids, leurs mesures*, la durée de la suprême autorité : ou que l'homme, qui se croit le centre de tout, et qui, dans ses suppositions, se substitue

tains égards il est *incohérent*, et que supposer gratuitement, comme le fait *Télèse*, que la *terre* est l'*unique principe* (agent) *contraire au ciel*, c'est tomber dans une *inconséquence* et une *absurdité*. Or, cette hypothèse paroîtra encore plus insoutenable, si, après avoir envisagé les objections auxquelles il s'expose, en supposant une si énorme *différence entre le ciel et la terre*, relativement *à la quantité de matière*, on considère aussi la *différence prodigieuse* que la nature a mise entre l'un et l'autre, par rapport à l'*intensité des forces* et à *la sphère d'activité*; car le combat entre ces deux principes opposés seroit bientôt terminé, si, tandis que les traits de l'une

---

sans cesse à la nature, a souhaité qu'elle n'arrangeât les choses que pour lui, et a cru ensuite ce qu'il souhaitoit; car cette illusion est la source la plus féconde de ses *préjugés physiques*, comme de ses *vices moraux* : l'homme est *ignorant*, parce qu'il se croit *le centre de l'univers entier*, et il est *vicieux*, parce qu'il se croit *le centre de sa société*.

des deux armées porteroient assez loin pour frapper l'ennemi, ceux de l'autre tomboient entre deux : or, personne ne doute que l'action du soleil ne parvienne jusqu'à la terre ; et personne, au contraire, n'oseroit assurer que celle de la terre s'étend jusqu'à cet astre. En effet, de toutes les vertus (forces, qualités ou modes) qu'enfante la nature, la *lumière* et l'*ombre* sont celles qui se portent *aux plus grandes distances, et dont la sphère d'activité a le plus d'étendue ;* car l'extrémité de l'ombre de notre globe tombe en deçà du soleil (1), au lieu que la lumière du soleil passeroit à travers le globe terrestre, s'il étoit transparent. Or, ce *chaud* et ce *froid* dont nous parlons, ne se portent jamais à d'aussi *grandes distances* que la *lumière* et l'*ombre :* d'où il

---

(1) Au-delà ; car assez communément l'ombre ne tombe pas entre le corps lumineux et celui qui fait ombre ; mais il veut dire que l'extrémité de l'ombre de la terre se porte à une distance moindre que celle où le soleil est de cette planète.

suit que si l'*ombre* même de la *terre* ne s'étend pas jusqu'au soleil (ne se porte pas à une distance égale à celle où le soleil est de cette planète), beaucoup moins encore le *froid* qui transpire de notre globe, parviendra-t-il jusqu'à cet astre. En conséquence, si cette supposition est fondée, s'il est vrai, dis-je, que le *soleil* et le *chaud* agissant sur certains corps intermédiaires, l'action du principe contraire ne puisse se porter aussi loin, leur faire obstacle, et affoiblir la leur, il est de toute nécessité que le *soleil* et le *chaud* gagnant de proche en proche, et s'étendant par degrés jusqu'à la terre et à la région adjacente, envahissent d'abord l'espace qui les avoisine, puis les régions plus éloignées, enfin le tout; d'où résulteroit ce *vaste incendie*, ou cette *conflagration* de l'univers, qui, selon *Héraclite*, doit avoir lieu un jour (1). De plus,

---

(1) Nous avons fait voir, dans le pénultième supplément du *Novum Organum*, que cette *conflagration* seroit aussi une *conséquence* nécessaire

si l'on suppose, à l'exemple de *Télèse*, que ces deux principes du *chaud* et du *froid* ont la faculté de communiquer leur propre nature, de se multiplier, et de convertir tout le reste en leur propre substance, on est forcé, pour ne pas être en contradiction avec soi-même, de supposer aussi que chacun de ces deux principes agit ainsi sur ses *analogues*, autant et plus que sur ses opposés ; en sorte que dès long-temps le *ciel* devroit s'être enflammé, et toutes les étoiles réunies, s'être confondues les unes avec les autres ; mais, pour serrer de plus près ce système de *Télèse*, nous allons indiquer quatre objections ou argumens qui pourroient le ruiner sans ressource ; car, une seule de ces objections suffisant pour le renverser, que seroit-ce donc, si elles étoient réunies ? 1°. Il est dans la nature beaucoup d'*actions* ou d'*effets*, même très puissans et très généraux, qu'on ne

---

d'une *attraction universelle*, sans le contre-poids d'une *force répulsive*.

peut en aucune manière *rapporter* au *chaud* et au *froid* (1). Il est aussi des *natures, qualités* ou *modes* dont le *chaud* et le *froid* ne sont que les *conséquences* et les *effets*. Or, si ces natures peuvent produire l'un ou l'autre de ces deux effets, ce n'est pas simplement en excitant la *chaleur préexistante* dans les corps en question, ou par l'*approche d'un corps déjà chaud* ; mais en *produisant immédiatement une chaleur proprement dite et originelle*. Ainsi, la supposition de *Télèse* est doublement défectueuse, et les deux principes qu'il suppose, manquent tout à la fois des deux conditions requises, *puisqu'il y a des choses qu'ils ne produisent point, et qu'il en est d'autres qui les produisent eux-mêmes*

---

(1) Si notre auteur raisonnoit toujours ainsi, nous le critiquerions moins fréquemment : aussi Boërrhave s'est-il appuyé d'un raisonnement tout-à-fait semblable, pour faire voir que la *chaleur* n'est pas la *cause immédiate* de la *fluidité* du *sang* dans les *animaux* (de viribus medicis.)

(n). 3°. On doit observer, par rapport à ces effets que produisent le *chaud* et le *froid* (effets qui, à la vérité, sont en très grand nombre et très multipliés), qu'ils ne les produisent qu'à titre de *causes efficientes* et d'*organes* (d'*instrumens* ou de *causes instrumentales*), et non comme *causes intimes* et proprement dites (o). 4°. Cette combinaison et cette corrélation des quatre qualités primaires (et des quatre opposés) est démentie par l'observation et l'expérience.

Ainsi, nous allons traiter en détail ces différens points. Tel de nos lecteurs peut-être pensera qu'en réfutant ce système de *Télèse*, nous prenons une peine d'autant plus inutile, qu'il n'est pas fort accrédité; mais un motif de cette nature ne sauroit nous refroidir, et l'indifférence publique pour une opinion ne sera jamais pour nous une raison assez forte pour nous empêcher de la soumettre à l'examen, quand elle méritera de l'être; nous avons une très haute idée de ce philosophe; nous sommes persuadés qu'il aimoit sincèrement la vérité, et qu'il a rendu de vrais services à la philosophie, en rectifiant certaines opinions; nous le regardons même comme le premier d'entre les modernes qui ait mérité le titre de *philosophe* (1). D'ailleurs, en l'attaquant, ce n'est pas à *Télèse* lui-même que nous en voulons, mais seulement *au restaurateur de la philosophie de Parménide*, qui mérite nos hommages. Mais le principal motif qui nous a déterminés à entrer dans de si grands détails sur ce système, c'est qu'en le réfutant, nous employons plusieurs argumens qui pourront servir également à réfuter d'autres hypothèses que nous examinerons dans la suite, ce qui nous épargnera beaucoup de répétitions inutiles; car il est beaucoup d'erreurs qui, bien que différentes en elles-mêmes, tiennent tellement les unes aux autres, et sont telle-

---

(1) *Ludovico Vivès*, Espagnol, avoit donné, avant lui, l'exemple d'un profond mépris pour les abstractions d'*Aristote* et des *scholastiques*.

ment entrelacées les unes avec les autres, qu'on peut, à l'aide d'une seule réfutation, les ruiner toutes à la fois, et, pour ainsi dire, *les faucher toutes d'un seul coup* (1). Voyons actuellement quelles sont, dans la nature, les *vertus* (les forces, les qualités actives) et les actions qu'on ne peut ramener au *chaud* ni au *froid* par aucune analogie réelle, ou corrélation véritable, même en abusant de ses facultés intellectuelles. Posons d'abord pour principe cette donnée même de *Télèse : que la quantité totale de la matière de l'univers est éternellement la même, et n'est susceptible ni d'augmentation ni de diminution* (2). Or, cette

---

(1) En démontrant, par exemple, que la proposition en question est appuyée sur un principe faux, on renverse, d'un seul coup, et toutes les autres conséquences qu'on voudroit tirer de ce même principe, et toutes celles qu'on voudroit déduire de cette même proposition.

(2) Cette proposition est *très probable;* mais elle n'est pas *prouvée*, elle n'est même pas susceptible de l'être ; c'est une supposition très gra-

condition (cet attribut) par lequel la matière se conserve et *se soutient* elle-même, il daigne à peine en parler, la regardant comme purement *passive*, et supposant qu'elle se rapporte plutôt à la *quantité* qu'à la *forme* (à la *cause formelle*) et à l'*action*; comme s'il étoit inutile de l'attribuer au *chaud* ou au *froid*, qui, selon lui, ne sont les *sources* (*principes*) que des seules *formes actives* et des *forces*. La matière, selon ce même philosophe, n'est pas destituée de toute *qualité* sans exception, mais seulement de toute *qualité active*, de toute *force* proprement dite. Cette assertion est un des plus grands *écarts* de l'esprit humain, et elle paroîtroit même tout-à-fait étrange, si ce consentement unanime, et ce préjugé commun, sur lequel elle s'appuie, ne détruisoit tout étonnement sur ce point. En effet,

---

tuite, et toute son évidence consiste en ce que nous ne nous sommes jamais avisés d'en douter.

quelle plus grande erreur que celle de qualifier de *passive* cette force imprimée à la matière, et en vertu de laquelle elle se préserve tellement elle-même de toute destruction, que le choc simultanée de toute la matière de l'univers (moins une seule molécule) réunie en une seule masse, et de tous les agens les plus puissans, également réunis, seroit insuffisant pour anéantir cette particule, quelque petite qu'on puisse l'imaginer, et pour empêcher qu'elle n'occupe un certain *espace*, qu'elle n'ait certaines *dimensions*, qu'elle ne résiste invinciblement à toute pénétration, et ne demeure éternellement *impénétrable*; et que réciproquement elle n'exerce elle-même quelque *action*, et ne produise quelque *effet*. Comment, dis-je, peut-on refuser la qualification d'*active* à une *telle force*, la plus irrésistible que nous connoissions, et tellement insurmontable, qu'on est tenté de la regarder comme une sorte de *destin*, de *fata-*

lité et de nécessité (1)? Or, cette *condition* (cet attribut) de la matière, *Télèse* n'a pas même tenté de la rapporter au *chaud* et au *froid;* tentative qui auroit été d'autant plus inutile, qu'il n'est point d'*incendie*, ni d'*engourdissement* ou de *congélation*, qui puisse ajouter à la totalité de la matière, ou en retrancher une seule particule : or, c'est ce qu'on peut dire également de la matière dont le *soleil* est composé, et de celle qui se trouve au centre de la *terre;* mais l'er-

---

(1) C'est parce que la matière est *impénétrable* qu'elle *résiste* à l'*action* de toute matière tendante à la *pénétrer*, et qu'elle *réagit*. Or, comme, sans cette *réaction*, *l'action* seroit *impossible*, l'*impénétrabilité* de la matière est donc une *condition nécessaire* dans *toute action*, ou du moins dans toute *pression*, ou *impulsion*. Or, elle ne peut *réagir*, sans *agir*, et par conséquent sans être *active*, à moins qu'on n'attache à ce mot *active*, l'idée d'un *mouvement actuel ou dispositif;* car ce n'est, à proprement parler, qu'une dispute de mots; et il ne s'agit que de savoir si l'on qualifiera de *force active* ou de *force passive* l'*impénétrabilité* de la matière.

reur de *Télèse* consiste principalement en ce qu'après avoir très bien senti que la masse de la matière (que la quantité totale de la matière de l'univers) est toujours la même, il ferme les yeux, comme à dessein, sur cet attribut, en vertu duquel elle se conserve ainsi; et plongé dans les plus profondes ténèbres du péripatétisme, il ne regarde cet *attribut* que comme un *accessoire*: c'est néanmoins ce qu'il y a de plus *essentiel* et de plus digne de la qualification de *principe*; c'est cette vertu (cet attribut), qui fait que chaque particule de la matière occupe nécessairement une place quelconque dans l'univers, et empêche que tout autre ne l'occupe en même temps; qu'elle est par elle-même d'une *solidité infinie*, et, pour ainsi dire, de *diamant*. En un mot, c'est de cette source qu'émane tout décret, toute décision irrévocable, et émanée d'une autorité inviolable sur le possible et l'impossible (p). Les scholastiques ordinaires, en traitant ce sujet, se tirent d'affaire à l'aide de quelques mots; et, après avoir posé pour principe, que deux corps ne peuvent être en même temps dans un même lieu, ils croient avoir tout dit. Quant à cette *vertu* dont nous parlions (et à son *mode*), ils ne peuvent se résoudre à l'envisager, les yeux ouverts, et à la *disséquer,* pour ainsi dire, *jusqu'au vif,* faute de sentir que ce point, une fois bien éclairci, serviroit ensuite à en éclaircir une infinité d'autres, et répandroit la plus vive lumière sur toutes les sciences (1). Quoi qu'il en soit, cette *vertu* (et c'est ce dont il est question ici) ne peut être expliquée par les deux principes de *Télèse,* et par conséquent ne peut y être rapportée. Passons actuellement à cet autre attribut, qui est sym-

---

(1) Avant de chercher les conséquences qu'on pourroit tirer de cette proposition : *la quantité totale de la matière de l'univers est toujours la même,* il faudroit d'abord s'assurer qu'elle est vraie ; car ce n'est qu'une pure supposition dont on n'a ni ne peut avoir de preuve ; et si elle paroît évidente, c'est parce qu'on ne s'est jamais avisé d'en douter.

métriquement opposé au précédent, et qui en est, pour ainsi dire, le *pendant*; je veux dire, à celui en vertu duquel toutes les parties de la matière tendent à rester unies (à conserver leur contiguité); car, de même que toute matière se refuse à son anéantissement, elle résiste aussi à sa solution de continuité et à sa séparation absolue d'avec tous les autres corps. Mais cette loi de la nature est-elle aussi générale, aussi puissante et aussi inviolable que celle dont nous venons de parler? C'est ce qui nous paroît fort douteux; car *Télèse*, à l'exemple de *Démocrite*, suppose le *vuide accumulé* (occupant de grands espaces) et *sans bornes*, en sorte que, selon eux, les corps pris un à un, se prêtent quelquefois à leur séparation absolue d'avec toute espèce de matière; ce qu'ils ne font toutefois qu'avec beaucoup de peine, et seulement dans les cas où ils s'y trouvent contraints par quelque action très puissante qui les maîtrise, et leur fait une sorte de *violence*. C'est une assertion que

Télèse s'efforce d'établir sur quelques expériences ou observations, et principalement sur celles qu'on allègue ordinairement pour réfuter l'*hypothèse du vuide*, en les choisissant et les étendant de manière qu'il semble être en droit d'en conclure que les corps, lorsqu'une force médiocre tend à les séparer, demeurent contigus; mais que, lorsqu'ils sont soumis à une action plus violente, et en quelque manière tourmentés, mis à la torture, ils admettent *un peu de vuide;* et c'est, dit-il, ce qu'on observe dans les *clepsydres*, où l'on se sert d'*eau* au lieu de *sable;* car, lorsque le trou par lequel l'eau doit s'écouler, est extrêmement petit, elle ne s'écoule pas, si l'on ne donne de l'air à la partie supérieure; au lieu que, si ce trou est fort grand, l'eau y affluant en grande quantité, prend son écoulement, le vuide qui peut se former au-dessus, n'y faisant plus obstacle. C'est ce qu'on observe également dans les *soufflets;* car, si, après avoir rapproché l'un de l'autre les deux panneaux, et bouché l'orifice du tuyau, de manière que l'air ne puisse plus s'y introduire, vous tenter ensuite d'écarter l'un de l'autre ces deux panneaux, pour peu que la peau soit mince et foible, elle se rompt ; ce qui n'arrivera pas, si cette peau est épaisse et forte : mais ces expériences n'ont pas encore été faites avec assez d'exactitude; elles ne remplissent nullement l'objet de la recherche dont il s'agit, et ne sont rien moins que décisives. Ainsi, quoique *Télèse* se pique de suivre la nature d'assez près pour se mettre en état de faire de vraies découvertes, et d'observer plus distinctement ce que les autres n'ont vu que très confusément, ses résultats ne sont rien moins que satisfaisans ; il n'a pas su lever toutes les difficultés, et dans cette recherche il s'arrête à moitié chemin, comme il le fait presque toujours lui-même, à l'exemple des Péripatéticiens que la lumière de l'expérience semble offusquer comme les *hiboux;* non qu'ils aient la vue trop foible, mais soit à cause de cette *cataracte,* qui est sur leurs yeux, et qui est l'effet de leurs préventions, soit parce qu'ils n'ont pas assez de patience et de tenue, pour analyser complètement leur sujet, et n'abandonner la recherche qu'après avoir décidé tous les points douteux, et dissipé toutes les obscurités. Quoi qu'il en soit, cette question dont nous sommes actuellement occupés, je veux dire celle où il s'agit de savoir jusqu'à quel point le *vuide* peut avoir lieu, ou de combien les particules les plus déliées de la matière peuvent se rapprocher ou s'écarter les unes des autres, et quelle est, sur ce point, la loi fixe et invariable de la nature ; cette question, dis-je, étant une des plus importantes et des plus difficiles qu'on puisse proposer en *physique*, nous croyons devoir la renvoyer au livre où nous traiterons, *ex professo*, du *vuide*. Car, dans cet examen du système de *Télèse*, peu importe de savoir si *la nature a* en effet *horreur de toute espèce de vuide*, ou (en employant le langage même de *Télèse*, qui se flatte de s'exprimer sur ce sujet avec plus d'exactitude et de précision que tout autre) si les corps tendent naturellement à conserver leur contiguité (à rester en contact les uns avec les autres), et à prévenir une entière solution de continuité; car nous ne craignons pas de déclarer formellement que cette *horreur du vuide*, ou cette tendance au *contact mutuel*, ne dépend nullement du *chaud* ni du *froid;* aussi *Télèse* lui-même ne l'a-t-il pas attribué à ces deux causes; et, pour peu qu'on ne s'en rapporte qu'à l'expérience et à l'observaton, il est évident qu'elles n'en dépendent point; car toute portion de matière qui se met en mouvement, attire, en quelque manière, sur ses traces, quelque autre portion de matière (qui vient remplir le vuide que l'autre a laissé derrière elle), soit que la première ou la dernière soit *chaude* ou *froide, humide* ou *sèche, dure* ou *molle, amie* ou *ennemie* (de nature analogue ou opposée); en sorte qu'un corps *chaud* attirera ainsi à sa suite un corps très *froid*, plutôt qu'il ne se prêtera à sa séparation absolue d'avec toute espèce de matière, et à son parfait isolement : cette force de cohésion, cette tendance des parties de la matière à rester liées les unes aux autres, est plus forte que l'*antipathie* du *chaud* et du *froid*, et tellement prédominante, que les diverses formes ou qualités spécifiques ne peuvent en empêcher l'effet. Ainsi, cette force de cohésion ne dépend nullement des principes du *chaud* et du *froid*. Viennent ensuite les deux *vertus* (ou *forces*), qui, selon toute apparence, ont porté *Télèse*, ainsi que *Parménide*, à *déférer*, en quelque manière, le *sceptre au chaud et au froid*; mais avant d'avoir suffisamment discuté et vérifié leurs droits : je veux dire cette force en vertu de laquelle les corps s'*ouvrent*, se *raréfient*, se *dilatent* et s'*étendent*, de manière à occuper un plus grand espace, et à augmenter de volumes; ou au contraire, cette autre force, toute opposée, en vertu de laquelle ils se *condensent*, se *contractent* et se *resser-*

rent, de manière à occuper un moindre espace, et à diminuer de volume. Cela posé, *Télèse* auroit dû faire voir comment, et jusqu'à quel point cette double force, et les deux mouvemens qui en sont les effets, peuvent dériver du *chaud* et du *froid* (1); enfin, jusqu'à quel point ces deux forces peuvent agir, et ces deux mouvemens avoir lieu indépendamment de ces deux causes. Ce philosophe a eu raison d'assurer d'avance que la *rareté* et la *densité* sont les *effets propres* et *directs* du *chaud* et du *froid*, qui sont réellement les deux principales causes de la *dilatation* et de la *contraction* des corps.

Mais s'ils sont *les deux principales causes* de ces changemens de volume, ils n'en sont pas toutefois *les seules causes*; et cette assertion, trop *vague* et trop *générale*, n'est *vraie* qu'autant qu'on y joint quelques *distinctions* ou

---

(1) Ce sont au contraire le chaud et le froid qui dérivent de ces deux mouvemens opposés, puisqu'ils ne sont que la sensation de l'un et de l'autre.

restrictions : car il est une infinité de corps qui, dans certains cas, se *dilatant*, ou se *contractant* aisément et comme de bon gré, changent de *forme* (*constitutive*, de *mode*, *essentiel* et *spécifique*), et alors ne recouvrent plus leur volume naturel; mais qui, dans d'autres cas, en se *dilatant* et se *contractant*, conservent leur *forme primitive* et le volume qui leur est propre. Or, le *mouvement progressif*, par lequel ces corps changent de volume, dépend presque uniquement du *chaud* et du *froid;* mais il n'en est pas de même de ce *mouvement rétrograde*, par lequel ils recouvrent leur premier volume : l'*eau*, par exemple, soumise à l'action de la *chaleur*, et à sa force *expansive*, se dilate et se convertit en *air*. Il en est de même de l'*huile* et des autres substances *grasses*, que la chaleur convertit aussi en *exhalaisons* (en *vapeurs* onctueuses) et en *flamme*. Mais, lorsque cette *transmigration* (*conversion*, *transformation*) est complète, ni les substances *aqueu-*

ces, ni les *substances onctueuses*, ne font effort pour revenir à leur premier état; il en faut dire autant de l'*air* qui, étant soumis à l'action de la chaleur, se dilate et occupe un plus grand espace : mais si, dans ce progrès dont nous parlons, et par lequel ces substances changent de volume, elles ne font, pour ainsi dire, que la moitié du chemin, elles se rétablissent, dès que la chaleur cesse, et recouvrent le volume qui leur est propre; de manière toutefois que le *chaud* et le *froid* influent aussi quelque peu sur ce *mouvement rétrograde*, par lequel elles reviennent à leur état naturel, et recouvrent leur volume primitif. Au lieu que les corps *distendus* ou *détirés*, non par l'action de la *chaleur*, mais par celle d'une *force méchanique*, se rétablissent et recouvrent leur volume naturel avec une extrême promptitude, si-tôt que cette force cesse d'agir, sans que le *froid* ou la *diminution* de la *chaleur* ait aucune part à ce rétablissement. C'est ce qu'on observe, lorsqu'après avoir évacué, par voie de *succion*, une partie de l'air renfermé dans un œuf de verre, on retire sa bouche; ou, lorsqu'après avoir levé l'un des panneaux d'un soufflet, on l'abandonne à lui-même, car, dans la première expérience, l'air rentre dans l'œuf; et, dans la seconde, le panneau levé retombe de lui-même sur l'autre. Mais ces effets, et la propriété qu'ils démontrent, sont beaucoup plus sensibles dans les *corps solides* et *grossiers*, que dans l'*air*, ou tout autre *fluide* : par exemple, pour peu qu'on détire une pièce de *drap*, ou qu'on tende une corde avec force, l'une et l'autre se contractent et se rétablissent, par une espèce de *ressaut*, si-tôt que la force qui les a tendues ou détirées, cesse d'agir. Il en est de même de la *compression* ; l'air, fortement comprimé et condensé dans une cavité, s'échappant avec violence, dès qu'il trouve une issue. De même, tous les *mouvemens méchaniques*, vulgairement qualifiés de *violens*; par exemple, celui qu'un corps dur, frappant un autre corps dur, lui imprime, et celui des corps lancés à travers l'air ou l'eau, ne doivent être attribués qu'à l'effort que le corps frappé, comprimé ou lancé, fait pour se délivrer de la *compression*. Cependant on ne voit, dans tous ces effets, aucunes traces, aucuns vestiges de *chaud* ni de *froid*, leur influence y étant tout-à-fait nulle. Il seroit inutile de répondre, suivant les principes du système de *Télèse*, que la nature a peut-être assigné et approprié telle portion (*proportion* ou *mesure*) de *chaud* ou de *froid*, à telle quantité de matière occupant tel espace, ou, ce qui est la même chose, ayant telle *densité*; distribution qui peut être l'effet d'une certaine *analogie* (entre la *densité* et le *chaud* ou le *froid*); et que, cette supposition étant une fois admise, quoique, dans la dilatation d'un corps, il n'y ait aucune *addition de chaud ou de froid*; cependant, comme, dans le nouvel espace qu'occupe ce corps, il y a plus ou moins de matière qu'il ne faudroit, à raison du *chaud* ou du *froid* qui s'y trouve, l'effet est le même que si on eût ajouté ou ôté une quantité proportionnelle de l'un ou de l'autre de ces deux principes : mais une telle réponse, toute ingénieuse qu'elle est, ne ressemble que trop à celles que font ordinairement les philosophes, plus jaloux de ne jamais rester court, et de soutenir leur opinion, que de connoître la nature et la réalité des choses; car, si, après avoir comprimé ou étendu (distendu, détiré) les corps de cette espèce (élastiques), on les *chauffe*, on les *refroidit*, suivant une proportion beaucoup plus grande que celle qui leur est propre (lorsqu'ils sont dans leur état naturel); par exemple, si, après avoir détiré avec force une pièce de *drap*, on la soumet à l'action du feu, cela n'empêchera point que son élasticité ne produise son effet ordinaire, et qu'elle ne se rétablisse, en recouvrant son premier volume; d'où il suit évidemment que le *chaud* ni le *froid* ne contribuent sensiblement à cette propriété, en vertu de laquelle telle espèce de corps a telle densité; et c'est pourtant la considération de cette proprieté même qui est le principal fondement de l'hypothèse que nous examinons. Il est deux autres propriétés très générales et très connues, qu'on ne peut non plus ramener aux principes du *chaud et du froid;* je veux parler de celles en vertu desquelles les corps tendent vers les plus grandes masses de leurs congénères (de leurs analogues); propriétés dont la plupart des philosophes n'ont eu qu'une idée fausse ou superficielle : par exemple, les scholastiques, divisant tous les mouvemens en deux espèces : savoir, en *mouvemens naturels* et en *mouvemens violens,* prétendent que les corps graves se portent naturellement de haut en bas, et les corps légers de bas en haut; et, après cette frivole distinction, ils se flattent d'avoir tout expliqué; mais, au fond, qu'est-ce que toutes ces expressions, la *nature* (1),

---

(1) On a déja observé que ce mot a quatorze acceptions dans notre langue; ce seroit rendre un

l'*art*, la *violence*, etc? Ce ne sont que des *abréviations*, purement *verbales*, *nominales*, et non de vraies *explications*. Ce n'étoit pas assez de qualifier de *naturel* ce mouvement dont nous parlons, il falloit de plus déterminer l'espèce d'*appétit* ou d'*affection* (de *force* ou de *tendance*) qui en est la véritable *cause*; car il est une infinité d'autres mouvemens qui dépendent de *forces* ou de *tendances* très différentes, et c'étoient ces différences mêmes qu'il auroit fallu saisir. De plus, on pourroit observer à ce sujet que ces mouvemens, qu'ils appellent *violens*, devroient plutôt être qualifiés de *naturels*, que celui auquel ils donnent cette qualification; en supposant toutefois qu'elle convienne mieux

---

vrai service à la philosophie, que de le bannir de toutes les langues ; c'est un mot sans idée, et une espèce de *monnoie* purement *nominale* (comme la *livre* ou la *pistole*) dont un philosophe paie ses auditeurs, lorsqu'il veut, en paroissant s'acquitter avec eux, leur faire une banqueroute réelle.

à celui qui, ayant *le plus de force*, a aussi *des relations plus directes* et *plus étroites* avec la *configuration* (l'ensemble, le *système*) de l'univers : car ce mouvement d'*ascension* et de *descension* (de bas en haut, ou de haut en bas) dont il s'agit ici, n'est rien moins que prédominant et universel ; il ne se fait sentir que dans certaines régions, et cède à beaucoup d'autres mouvemens. Lorsqu'ils prétendent que les corps *graves* se portent de haut en bas, et les corps légers de bas en haut, c'est à peu près comme s'ils disoient que *les corps pesans sont pesans*, et que *les corps légers sont légers;* car l'*attribut* de leur proposition se trouve *renfermé dans son sujet*, pour peu qu'on donne à ce dernier terme sa véritable signification. Cependant si, par cette dénomination de *corps graves*, ils désignent les *corps denses;* et par celle de *corps légers*, les *corps rares*, ils font, à la vérité, quelques pas de plus vers le but ; mais alors ils s'en tiennent à un simple *mode concomitant*, au lieu de chercher une *cause proprement dite*. Quant à ceux qui, pour rendre raison du mouvement des *corps pesans* et de celui des *corps légers*, prétendent que les premiers tendent vers le centre de la terre, et les derniers vers la *région céleste*, ou, ce qui est la même chose, vers la *circonférence*, ils disent quelque chose de plus positif, et ils indiquent du moins *une cause quelconque*, mais ils ne montrent pas *la véritable*, et ils manquent tout-à-fait le but : car *un lieu* n'est point *un être réel*, qui puisse avoir une force déterminée et exercer une action; un *corps* ne peut être *mis en mouvement* ou *modifié*, d'une manière quelconque, que *par un autre corps*; et tout corps, tendant à occuper la place qui lui convient, tend à se placer, non dans tel *lieu absolu*, mais dans *telle situation, relativement à tel autre corps dont l'action le met en mouvement*, et avec lequel ensuite il forme une nouvelle combinaison.

SUPPLÉMENT.

(a) *En un mot, qu'il (l'univers) est sujet à une succession alternative d'inflammations et de générations.* Si la cause de la *force projectile* des planètes et des comètes n'est pas placée hors du système solaire, quelque *rare* que puisse être le *fluide* où nagent les unes et les autres, il oppose à leur mouvement une certaine *résistance;* et quelque petite qu'on puisse, ou veuille la supposer, à la longue, elle *détruira* cette *force projectile;* les *ellipses* qu'elles décrivent *s'applatiront* de plus en plus; et à la fin, les *planètes* et les *comètes tomberont* successivement *dans* le *soleil :* à mesure qu'elles y tomberont, elles *augmenteront* la *masse* de cet astre; ce qui, en faisant *prédominer* de plus en plus *la force centripète* des planètes et des comètes restantes, *sur* leur *force projectile, avancera* de plus en plus leur *chûte dans l'astre central.* Quand toutes y seront tombées, le *soleil restera* encore, pendant un certain temps, dans l'état *d'ignition;* puis il *s'éteindra,* comme tout autre feu, *faute d'aliment.* Ce que nous disons de *notre soleil,* il faut le *dire des autres.* Lorsqu'un certain *nombre* de *soleils* se seront ainsi *éteints, l'équilibre,* qui *s'étoit conservé* si long-temps entre ces *soleils allumés*, ne pourra plus *subsister* entre eux, après cette extinction; leur *action*, absolue et réciproque, ne pouvant être précisément *la même*, dans deux *états* si *opposés*. Un de ces *astres éteints*, qui aura *plus de masse* que ses voisins, en *attirera* successivement *plusieurs*, qui, en vertu de *l'attraction réciproque*, *tomberont* sur lui, par un *mouvement accéléré*, et dont *l'accélération* ira même toujours *en croissant*. Ce soleil, dont la masse ira ainsi toujours en augmentant, sera, en partie, composé de *matières combustibles*, qui, ne s'étant pas trouvées en contact avec la partie encore enflammée, ne l'auront pas empêché de s'éteindre : tôt ou tard, par les terribles *chocs* que lui donneront quelques soleils éteints, en tombant sur lui, ils le *rallumeront* en totalité, ou en partie : à la première explosion qui aura lieu dans cet énorme soleil, ses *éclats*, ou, si l'on veut, ses *étincelles*, dont quelques-unes peut-être seront aussi grosses que notre soleil, seront lancées à des distances plus ou moins grandes: les plus grosses formeront de nouveaux soleils; les plus petites, des planètes, ou des comètes ; de plus petites encore, des satellites, des lunes, etc. qui s'éteindront par degrés, se couvriront d'eau et d'air, se sécheront insensiblement, produiront des végétaux, des animaux, ou des êtres dont nous n'avons point d'idée ; puis retomberont dans leurs soleils respectifs, pour en sortir de nouveau et y retomber encore, sans fin et sans terme. Ce n'est pas tout; par la même raison que la *force projectile* des *planètes primaires décroît* continuellement, celle de leurs *satellites* va aussi toujours *en décroissant :* ainsi, tôt ou tard, chaque satellite tombera sur sa planète respective, en augmentera la masse, fera prédominer encore plus promptement la force centripète de cette planète sur sa force projective, et par conséquent avancera d'autant sa chûte dans le soleil, où elles tomberont ensemble : si ces conjectures sont fondées, les astronomes appercevront un jour *un applatissement très sensible dans l'ellipse de l'orbite lunaire;* ils pourront alors *prédire,* ou du moins *prévoir sa chûte sur le globe terrestre;* et malheur à ceux qui se trouveront au point de contact! Si alors l'inclinaison de l'axe du globe ne change pas très sensiblement, les habitans de nos contrées n'auront rien à craindre, puisque la lune n'y est jamais au zénith; mais la chûte de ce satellite pourra peut-être relever l'axe de la rotation diurne, remettre l'équateur dans le plan de l'écliptique, et ramener ainsi le printemps perpétuel. Cependant, si la lune tomboit dans le bassin de quelque mer, par exemple, dans celui de la mer Atlantique, ou dans celui de la mer des Indes, il en résulteroit quelque incommodité pour les navigateurs, qui alors seroient obligés de faire le tour; et sur un continent ou sur l'autre, des éclaboussures qui seroient l'équivalent d'un déluge, sans compter l'ombre de cette masse énorme, les reflets, des nuits toujours sans lune dans presque toutes les parties de la surface de notre globe; le clair de lune extrêmement vif dont jouiroient certaines parties, etc. etc. etc. Voilà sans doute un rêve philosophique; mais *on rêve quelquefois la vérité*, et toutes ces conjectures sont des conséquences rigoureuses de nos trois suppositions, dont une, savoir celle de *l'attraction newtonienne*, est démontrée. Quoi qu'il en soit, outre que des conjectures, ainsi appuyées sur des principes connus, sont plus supportables que les suppositions gratuites du philosophe grec, elles peuvent servir du moins à *exercer l'esprit* et à le *dégager* des viles *entraves de l'habitude*, qui, à certains égards, est notre plus grand ennemi; parce qu'en clouant, pour ainsi dire, dans nos esprits certains préjugés, elle cloue, dans tout notre être, les maux dont ils sont la source.

(b) *Le sentiment de ceux qui n'admettoient (ne supposoient) qu'un seul principe.... nous paroît mieux fondé que les précédens.* Tous les corps que nous connoissons le mieux et que nous pouvons observer de près, éprouvent une *succession alternative de raréfaction et de condensation*: ils ne peuvent *se raréfier et se condenser* ainsi *tour-à-tour*, qu'autant que leurs *parties s'écartent* et se *rapprochent alternativement* les unes des autres; elles ne peuvent s'écarter et se rapprocher ainsi, sans *se mouvoir :* ces deux *mouvemens diamétralement opposés et alternatifs* ne peuvent être *produits* par *une seule force :* il existe donc, dans l'univers, ou du moins dans cette partie de l'univers que nous pouvons observer de près, *deux forces diamétralement opposées*, qui *prédominent alternativement;* et ces *deux forces* ne pouvant rester, pour ainsi dire, *en l'air*, elles *résident* nécessairement *dans deux sujets*, ou *deux espèces de matière de natures opposées :* on ne peut donc expliquer ces *phénomènes alternatifs*, par la supposition d'un *seul principe matériel*, comme *Thalès*, *Anaximène*, *Héraclite* et *Newton* (dans les commencemens) ont tenté de le faire.

(c) *Les substances primaires (du premier ordre) sont le chaud et le froid; cependant ces deux substances sont incorporelles.* Si ce ne sont pas *deux* corps, ce sont donc *deux ames* ou *deux esprits;* car nos *philosophes-poëtes*, éclairés par les révélations du révérend père *Anaxagore*, qui connoissoit nécessairement tout ce qui existe dans l'univers, et qui, en conséquence, étoit bien assuré de faire des divisions exactes, prétendent qu'il n'y a dans l'univers que deux espèces d'êtres; savoir, les substances qui ont des qualités analogues à celles de leur propre corps, et les abstractions de ces qualités corporelles, auxquelles ils attribuent la faculté de penser, et qu'ils désignent par le nom d'*ames* ou d'*esprits*. Mais, si *Parménide* et *Télèse* attachoient l'idée *d'inertie* à l'idée de *corps*, et si les *deux substances*, qui sont les *sujets réels* du *chaud* et du *froid*, sont *actives par elles-mêmes*, comme ils le prétendoient, ils ont pu et même dû dire que ces *deux substances* sont *incorporelles*, en attendant qu'il leur plût d'en prouver l'existence.

(d) *Et c'est ce qu'on observe dans le ciel même: je veux dire que ses différentes parties ne se meuvent point avec des vitesses égales.* Parmi ces rêves que je traduis, il en est qu'il ne faut attribuer ni à *Parménide*, ni à *Télèse*, mais à *Bacon* lui-même; car j'ai lu cet exposé qu'il paroît rapporter fidèlement, et je n'y ai point vu les suppositions ridicules que je vois ici. Notre auteur semble toujours croire que cette espèce de *voûte* ou de *coupole bleue*, qui est comme posée sur notre horizon, dans un temps serein, est quelque chose de *solide* : dans un des petits ouvrages que j'ai exclus de cette collection, parce que je n'y ai trouvé qu'une physique pitoyable, pour rendre raison des *étoiles nébuleuses*, il suppose *qu'il y a un trou au firmament*; mais, comme je l'ai dit ailleurs, *le ciel n'existe point*, c'est un mot sans idée, ou une idée sans objet réel; nous ne voyons autour de nous qu'un espace immense, presque désert, et où paroissent quelques soleils, semés de loin en loin. Si cet espace où se meuvent les planètes, est le ciel, comme la terre est une planète et se meut dans cet espace, nous n'avons pas besoin de mourir, ni de nous faire enterrer, pour monter au ciel, nous y sommes déja.

(c) *Quoique le soleil décrive son orbite à l'ordinaire, et qu'on n'y observe aucun changement à cet égard.* Dans l'année qui suivit immédiatement la mort de *Jules-César,* le soleil (regardé à travers un verre fumé) parut tout couvert de taches, et les productions de la terre ne parvinrent point à leur maturité. Nous supposons très gratuitement que le *soleil est toujours dans le même état, et a, ou excite toujours la même chaleur.* Cet astre nous paroît immuable, parce que nous n'observons pas, ou ne pouvons observer ses changemens : la vérité est qu'il change comme nous, mais plus lentement : il s'éteindra un jour, par la même raison que notre feu s'éteint tous les jours, par la raison, dis-je, que la cause (matérielle ou efficiente) qui le tient allumé, n'étant pas infinie, n'exerce son action que pendant un temps fini; et il se peut que, d'un temps à l'autre, il s'éteigne, plus ou moins, à notre insu : il n'est rien d'éternel dans l'univers, sinon la matière qui le compose et le principe qui l'anime.

(f) *Si le corps en question est fort dense, les forces de la chaleur y étant plus réunies, leur effet doit être augmenté d'autant.* La main, par exemple, qui touche un corps chaud, est d'autant plus échauffée, dans un temps donné, qu'il présente au contact plus de parties chaudes. Or, de deux corps échauffés au même degré et uniformément dans toutes leurs parties, mais de densités inégales, le plus dense est celui qui contient le plus de particules matérielles sous un volume donné, qui présente le plus de parties au contact de la main, et par conséquent le plus de parties chaudes, lorsqu'il est chaud ou échauffé. Il doit donc, toutes choses égales, l'échauffer plus promptement que ne le feroit un corps *rare*. Ce n'est pas tout, les physiciens prétendent avec raison que la force totale d'une certaine quantité de rayons solaires, rapprochés et concentrés par le moyen d'une lentille, ou d'un miroir concave, est beaucoup plus grande que la somme de leurs forces partielles ne le seroit, si ces rayons étoient plus éloignés les uns des autres; ces rayons s'excitant, pour ainsi dire mutuellement, agissant les uns sur les autres et augmentant réciproquement leurs forces partielles : conjecture qui nous paroît d'autant plus fondée, que *l'action* d'un corps chaud étant *expansive*, et se portant du centre à la circonférence, chaque rayon doit agir sur ceux qui l'environnent, et son action doit être renforcée par la réaction des rayons voisins : loi dont on observe aussi les effets dans les animaux, sur-tout dans l'espèce humaine.

(g) *Les différens modes et degrés de disposition, dont la matière est susceptible, étant plus faciles à distinguer que les différens degrés de force et les différentes mesures de la chaleur.* Ces mots, *mesure, quantité et force de la chaleur*, peuvent avoir différens sens : ils peuvent désigner, 1°. les différens *degrés de force propres aux différentes espèces de chaleurs;* 2°. *le degré ou l'intensité de cette chaleur, dans chaque espèce ;* 3°. *la quantité de matière essentiellement chaude;* 4°. *la quantité de matière accidentellement chaude, ou échauffée;* 5°. *la quantité de matière qui, sans être actuellement chaude elle-même, peut exciter la chaleur dans d'autres* (et il en est beaucoup de telles). *Parménide*, *Télèse*, et *Bacon* lui-même (qui leur prête souvent son propre langage et même ses propres idées), confondent, à chaque instant, ces différences ; d'où résulte une *exposition ambiguë* et par conséquent *obscure*. Ainsi, ceux de nos lecteurs, qui croiroient n'avoir pas conçu nettement cet exposé, pourroient s'excuser, à leurs propres yeux, en se disant qu'ils ne sont pas obligés d'entendre des écrivains qui ne s'entendoient pas eux-mêmes. Un devoir sacré nous ordonne aussi d'avertir les prêtres de la vraie religion, avec lesquels, comme on sait, nous sommes associés pour l'éducation de la jeunesse, que cet exposé contient une hérésie abominable ; car tout physicien *théologiste*, qui est bien sûr de connoître l'univers entier, et de ne rien omettre dans ses divisions, ayant divisé tous les êtres en deux classes, savoir, en *ames* et en *corps*, il s'ensuit évidemment que *Parménide* et *Télèse*, lorsqu'ils soutenoient que le *chaud* et le *froid* devoient être regardés comme deux substances incorporelles, étoient deux *hérésiarques*, au premier chef, et méritoient d'être jetés dans le feu éternel, à travers le feu temporel.

(h) *Car ses observations sur le système du monde sont assez judicieuses ; mais il n'en est pas de même de ce qu'il dit sur les principes.* Le vrai foible de ce système et de toutes les hypothèses analogues, c'est qu'elles ne rendent point du tout raison de l'intelligence de certains êtres, ni même de la faculté de sentir, commune à tous les animaux. Quand j'ai *trop chaud*, ou *trop froid, j'y remédie* par différens moyens : ce *moi intelligent* qui *perçoit* et observe, dans le corps auquel il est uni, l'un ou l'autre de ces deux excès, et qui y *remédie*, n'est certainement *ni la cause du chaud*, ni *celle du froid*, ni enfin *celle de l'un et de l'autre*; puisque c'est *malgré moi* que j'ai trop chaud ou *trop froid.* Ainsi, quand on pourroit rendre raison de tous les phénomènes *méchaniques,* par la supposition *de deux principes contraires,* on seroit encore obligé de supposer un *troisième principe* par lequel *l'animal brut a le sentiment de sa propre existence, jouit, souffre,* etc. et peut-être un *quatrième,* par lequel *l'être intelligent observe* ses sensations, les *compare,* les *combine,* etc. car le troisième semble être purement *passif,* et le dernier, *actif.* Cette règle, *qu'il ne faut pas multiplier les êtres sans nécessité,* n'est qu'une invention scholastique, fondée sur une supposition gratuite, et qui, en nous portant à *simplifier* excessivement, rend toutes nos *explications incomplètes.* Toutes nos *simplifications* ne sont peut-être qu'un produit de notre *paresse,* fille de notre *foiblesse :* nous tâchons de réduire un quintal à une seule livre, pour alléger le fardeau que notre entendement paroît obligé de porter. Il est plus commode sans doute de n'avoir qu'un seul objet à considérer, que d'être obligé d'en envisager un grand nombre, ce qu'on ne peut faire que successivement; mais cette commodité n'est point une démonstration, et la facilité d'une méthode n'est pas toujours une preuve de son exactitude. Ne seroit-ce pas parce que les philosophes ont la manie de simplifier et de tout réduire à un ou à deux, qu'on a vu, depuis deux mille cinq cents ans, tant de systèmes se succéder, se supplanter, pour ainsi dire, et se dévorer les uns les autres? tous sont partis d'une supposition fausse, ou hazardée, et tous ont disparu.

(i) *Toute philosophie qui, en bâtissant, ou étayant un système du monde, ne le suppose point dérivé du chaos, n'est qu'une philosophie superficielle.* Non-seulement il est probable que *l'univers* a été dans le *chaos*; mais il est très vraisemblable que, dans toute l'étendue de l'éternité, le *chaos* est de beaucoup plus longue durée, ou, si l'on veut, beaucoup plus fréquent que *l'ordre*, puisque les combinaisons irrégulières de la matière sont en beaucoup plus grand nombre que ses combinaisons régulières. De plus, si le système de l'univers n'est parvenu que par degrés à ce degré de régularité qu'il a aujourd'hui, on peut supposer qu'il se perfectionne encore de jour en jour, pour ne pas dire de siècle en siècle, d'âge en âge, etc. ou encore que ce grand tout, ainsi que ses parties, va en se perfectionnant, dans certains temps, et en dégénérant, dans d'autres temps; ou enfin que, dans un même temps, telles de ses parties se perfectionnent, tandis que d'autres dégénèrent, etc.

(k) *Mais il doit être tout-à-fait abstrait....* Il doit être *abstrait*, en ce sens qu'il ne tombe point sous les sens et ne ressemble à aucun objet sensible; mais non en ce sens qu'il n'ait aucune qualité déterminée. Sa proposition est aussi fausse qu'obscure ; c'est seulement des composés qu'on ne peut jamais dire qu'ils sont actuellement telle ou telle chose, puisqu'ils changent au moment même où l'on en parle; au lieu que l'atome où l'élément est immuable ; ce qu'il est actuellement, il l'a toujours été et le sera toujours ; son *acte*, (son *mode actuel*) est *éternel*. Supposons qu'un homme, qui n'auroit jamais vu ou senti ni *terre*, ni *eau*, ni *air*, ni *feu*, prétendit que les *animaux*, les *végétaux* et les *minéraux* sont composés d'élémens doués de certaines qualités spécifiques et déterminées, qui sont les vrais principes des qualités composées et sensibles, mais qui ne paroîtroient pas semblables extérieurement, si elles pouvoient tomber sous les sens; enfin, que ces élémens, en se combinant en différentes proportions et en s'arrangeant de différentes manières, peuvent former des composés doués de qualités composées aussi, qui paroîtroient fort différentes de celles de leurs parties constitutives, si celles-ci devenoient également sensibles ; cet homme, dis-je, seroit-il dans l'erreur? Non, sans doute ; car la terre, l'eau, l'air, etc. entrent dans la composition de ma main ; cependant elle ne ressemble ni à l'eau, ni à l'air, ni à la terre, etc. dont elle est composée, ni aux assemblages grossiers que nous pourrions former de ces élémens réunis. Eh bien!

ce que je viens de dire de ces élémens grossiers que vous appellez *terre, eau, air,* etc. par rapport aux *animaux,* aux *végétaux* et aux *minéraux,* dites-le aussi des *élémens primitifs,* des vrais élémens, ou des *atomes,* relativement aux *élémens grossiers;* car l'homme ne peut juger de ce qui échappe aux sens, que par *comparaison;* il ne peut saisir les rapports qu'ont entre elles les choses qui ne tombent point sous les sens, ou ceux qu'elles ont avec les choses sensibles, que par le moyen des rapports qu'ont entre elles celles du dernier genre; les *rapports* même étant *comparables* entre eux, ainsi que leurs *termes;* et les *analogies* étant, dans la *métaphysique,* ce que les *proportions* sont dans les *mathématiques.*

(1) *Aussi Plutarque, dans ce petit dialogue qu'il a composé sur cette espèce de visage qu'on croit voir dans la lune,* etc. La considération de cet apparent visage n'est rien moins que frivole; car elle suggère le raisonnement suivant. Ce *visage apparent* n'est qu'un *assemblage de taches,* comme la raison le voit, et comme l'œil, armé d'une lunette, le voit encore mieux. Or, puisque ce *visage* paroît toujours à peu près *le même,* ces *taches* sont donc *fixes :* si *elles* sont *fixes,* la *lune* est donc un corps *solide* et même *très solide;* d'ailleurs, comme il est toujours *tourné vers la terre,* l'attraction réciproque de la lune et du globe terres-

tre étant d'ailleurs démontrée, la *lune* a donc une *de ses moitiés plus dense et plus pesante que l'autre;* moitié qui, en vertu de cet excès de pesanteur, doit être toujours tournée vers la planète qui attire le tout. C'est, en quelque manière, *une boule qui a un fort;* car il n'est nullement vraisemblable que la révolution qu'elle fait sur elle-même, puisse, par toute autre cause que celle-là, coïncider aussi exactement avec la révolution qu'elle fait autour de notre globe. Mais si le globe terrestre étoit intérieurement composé de matières hétérogènes, comme sa croûte extérieure, son centre de gravité seroit différent de son centre de figure (ou de grandeur) : si la distance entre ces deux centres étoit fort grande, notre globe auroit aussi une de ses moitiés toujours tournée vers le soleil (au lieu de lui présenter successivement, comme il le fait, *les différentes parties de ses deux moitiés;* savoir, *obliquement*, celles des deux *zônes tempérées*, et encore plus obliquement, *celles des deux zônes glaciales*, mais *perpendiculairement*, ou *presque perpendiculairement*, celles de la *zône torride*, qui, à cause de la *figure sphéroïdale* du globe terrestre, sont *plus prominentes*, et par conséquent un peu plus attirées par l'astre central, qu'elles ne le seroient, si cette figure étoit sphérique) : enfin si cette distance étoit médiocre, *le mouvement diurne* du globe terrestre ne pourroit être *uniforme*; il seroit *tantôt plus rapide et tantôt plus lent*. Or, l'observation continuelle prouve que le mouvement diurne de la terre est le plus uniforme de tous les mouvemens connus: le centre de gravité de notre globe diffère donc très peu de son centre de figure: la plus grande partie de sa masse n'est donc pas composée d'une matière hétérogène, comme cette croûte que nous voyons, du moins en partie: ce globe est donc presque entièrement composé d'une espèce de *noyau*, d'une matière parfaitement homogène, ou d'un fluide, homogène aussi : le feu central n'est donc qu'une chimère, à moins qu'on ne donne ce nom à un *noyau sphérique*, d'une matière quelconque, que son état actuel d'*incandescence* rende *homogène*. Mais, si l'on suppose que notre globe est, en grande partie, composé d'un noyau de matière *très solide*, ce qui est la conjecture la plus probable, la *lune* doit l'être encore plus; et, comme l'on n'y voit jamais de nuages, ou plutôt de grandes masses de nuages qui puissent dérober à la vue quelque partie sensible de sa surface, il paroît qu'elle est dans un état de *sécheresse* complète, soit *calcaire*, soit *glacial*.

(m) *Gilbert n'a pas craint d'avancer qu'une infinité de globes, solides et opaques, comme la terre et la lune, étoient semés dans les espaces célestes, entre les globes lumineux.* Puisque la nature s'est répétée, en formant un si grand nombre de soleils, il est probable qu'elle s'est répétée aussi, en formant un grand nombre de planètes et de comètes, dans les autres systémes solaires, comme dans le nôtre. Si les causes qui agissent dans les autres systèmes, étoient très différentes de celles qui agissent dans le nôtre, elles l'auroient bientôt changé, tous les systèmes se touchant médiatement ou immédiatement ; et, puisqu'elles ne le changent pas, elles sont donc semblables à celles qui agissent dans le nôtre, et elles y doivent produire des effets semblables. De plus, la nature mêle tout ; il y a, dans l'*eau* et dans l'*air*, beaucoup de *terre*, qui y flotte en particules très déliées; beaucoup d'air dans l'eau et dans la terre; beaucoup d'eau dans la terre et dans l'atmosphère ; enfin, beaucoup de matière ignée dans l'eau, dans la terre et dans l'air, et réciproquement; en un mot, on peut dire qu'il y a *de tout dans tout,* en observant toutefois que la nature *ne mêle jamais*, ou presque jamais, en *proportions* parfaitement *égales,* les *élémens* dans les *composés;* et il s'y trouve toujours, ou presque toujours, quelque chose de *prédominant* qui influe sur tout le reste et qui *caractérise* le *tout* (*prédominances* dont la fréquente *considération* est le vrai moyen *d'abréger* les recherches et de *simplifier* la science). Ainsi, de même que notre globe est composé en partie de terre, et en partie de feu (ou de *matière ignée*, de *calor*, ou de *calorique*), il est probable que ces soleils sont aussi composés en partie de feu et en partie de terre; avec cette différence toutefois que la substance terrestre prédomine dans notre globe, et que la substance ignée prédomine dans ces soleils. Ainsi, ce seroit cette substance terrestre des soleils qui auroit fourni la matière des planètes, de leurs satellites, des comètes, etc. Car, si vous dites qu'une comète, en passant, et en donnant un choc terrible à un soleil, en a détaché la matière qui, en s'arrondissant par l'attraction réciproque de ses parties, a formé les planètes et leurs satellites, je vous demanderai, moi, d'où est sortie cette comète, quelle est son origine? et il faudra toujours en revenir à une ou à plusieurs explosions de ce soleil, qui auront donné naissance aux unes et aux autres. Quant à la cause de leur force projectile qui, en se combinant avec leur force centripète, les fait circuler autour de l'astre central, il m'est beaucoup moins difficile d'en découvrir une, que de faire un choix judicieux entre les trois ou quatre que j'entrevois depuis long-temps. Quoi qu'il en soit, cette conjecture hardie de *Gilbert* répond mieux à la grandeur du principe suprême de toute existence, que la négative de notre chancelier. Avec de bons télescopes, on découvre d'années en années de nouvelles planètes, ou de nouvelles comètes; et le génie en découvre d'autres que l'œil humain, armé des meilleurs instrumens, ne verra jamais.

(n) *Puisqu'il y a des choses qu'ils ne produisent pas, et qu'il en est d'autres qui les produisent eux-mêmes.* Telle est aussi la principale objection de *Boërrhave* (un des premiers disciples de Bacon) contre la fameuse *doctrine des quatre tempéramens*, inventée, ou plutôt adoptée par *Hippocrate*, par *Galien*, son disciple, et par les scholastiques. J'ai fait voir, dans une note du *Novum Organum*, que les scholastiques s'étoient mépris par rapport à cette doctrine, et que les médecins les plus modernes ne s'étoient pas moins trompés, en la rejetant, que leurs maîtres, en l'adoptant; que ces maîtres eux-mêmes ne l'avoient pas parfaitement entendue, s'étant beaucoup plus occupés à l'appliquer et en tirer parti, qu'à en découvrir l'origine, à en saisir le véritable esprit, et à la bien enseigner; que l'erreur de ces grands maîtres consistoit proprement à avoir attribué, en quelque manière, une *existence de réalité* à des *abstractions méthodiques;* que ces *tempéramens* n'étoient que des *limites* purement *idéales, hypothétiques* et semblables, par leur origine et leur destination, aux *figures* régulières de la *géométrie*, aux *personnages* mis en *action* sur le *théâtre*, dans les *poëmes épiques*, dans les *idylles*, dans les *romans*, etc. aux chef-d'œuvres de la *peinture* et de la *sculpture*, enfin aux *classes méthodiques* des *naturalistes*, des *médecins*, etc. *limites* destinées à servir de *termes fixes*, pour *faciliter* et rendre plus *précises* les *comparaisons* des êtres réels avec d'autres êtres, et avec eux-mêmes, soit parce que les *caractères distinctifs* des êtres divers sont plus *faciles à saisir* dans *les maximum* de leurs classes respectives, soit parce que la *diversité* même et les *variations* continuelles de ces *êtres réels* les rendent peu propres pour servir de *termes communs et constans* de comparaison ; *l'essence* d'un pareil *terme* étant d'être *fixe* et *immuable* : car tout est *relatif* ; la plupart de nos jugemens ne sont que des *comparaisons*, expresses ou tacites ; et ces *comparaisons* ne peuvent avoir de *justesse* et de *précision*, qu'autant qu'on a *déterminé* d'avance, dans chaque *classe* d'êtres, une sorte de *modèle*, de *mesure commune*, d'*étalon* ou d'*unité*, *fixe* et *connue*, à laquelle on puisse *rapporter* les *divers individus* de cette classe, soit quant à *l'espèce*, soit quant *au degré*. Telles sont les considérations qui nous ont fait soupçonner que le grand *Hippocrate* (qui, dans son traité *de Diétâ*, s'exprime à peu près ainsi: *D'autres ont inventé les différentes parties de cette science que je vais exposer; moi seul, j'ai su voir le lien qui les unit et former le tout*) n'étoit point *l'inventeur de cette doctrine des tempéramens*, mais qu'il la devoit à un génie encore plus élevé; que *Thalès, Pythagore, Démocrite*, ou quelque autre, l'avoit apportée en *Grèce*, l'ayant reçue des *Egyptiens*, qui la tenoient des *Chaldéens*, des *Indiens*, des *Chinois*, ou de ce peuple, encore plus ancien, dont l'infortuné *maire de Paris* a démontré l'existence. Ces observations sur la *docrine des tempéramens* peuvent être appliquées au système trop général, ou mal exposé, qu'examine ici notre auteur, et qui en est la base. Le *chaud* et le *froid* étant *deux modes très fréquens et très communs*, sur-tout dans les animaux, on peut y rapporter une infinité d'autres modes qui en sont les *causes*, les *effets*, les *concomitances* ou les *signes*, comme nous l'avons fait dans la *table des époques de la balance naturelle*.

(o) *Ce grand nombre d'effets du chaud et du froid, ils ne les produisent qu'à titre de causes efficientes, ou instrumentales, et non en qualité de causes intimes et proprement dites.* Si l'on appliquoit quelques-unes de ces objections aux mouvemens *expansif* et *contractif*, dont le *chaud* et le *froid* ne sont que les sensations et les effets, ainsi qu'aux *deux forces* qui en sont les véritables et les premières *causes*, elles tomberoient d'elles-mêmes. La véritable erreur de *Parménide* et de *Télèse* est d'avoir pris la *cause* et *l'effet* l'un pour l'autre. De plus, pour tirer un vrai parti d'une hypothèse de cette espèce, et prévenir toute objection, il faut la *limiter,* en disant seulement *qu'elle peut servir à expliquer un grand nombre de phénomènes,* et non *qu'elle suffit pour les expliquer tous;* que *la loi* qu'on a découverte est *une partie de celle qui est par-tout,* et non *le tout.* Car, eussions-nous réellement découvert la grande *loi* qui *régit l'univers* entier, ce *fait unique, raison nécessaire et suffisante de tous les autres,* qui est l'objet de nos recherches, comme nous ne connoîtrons jamais *l'univers entier,* nous ne pourrions jamais être assurés de *l'universalité de cette loi.* Ces principes sur lesquels s'appuie la raison humaine, pour *classer, suppléer,* ou *devancer* l'expérience, n'ont de *solidité* qu'autant qu'ils sont *semblables* à l'*être* même qui les *pose;* c'est-à-dire, qu'autant qu'ils sont *limités.* L'homme est un être *fini,* quant à sa substance, à ses facultés et à sa durée : dans la théorie même, il ne peut presque rien, et il ne fait pas la cent-millième partie de ce qu'il peut; ses *connoissances* sont donc extrêmement *limitées;* ses *principes,* qui ne doivent être que les *résultats collectifs,* les *sommaires* ou les *résumés* de ses *connoissances,* doivent, par cela seul, être également *limités;* et, pour me servir des expressions de *Longin, tout mortel qui pose des principes trop généraux, est un musicien qui ouvre une grande bouche, pour souffler dans une petite flûte : cette bouche représente ses jugemens, et cette flûte, ses connoissances réelles. Plût à Dieu que le grand *Newton* lui-même eût mieux senti cette vérité ! Si elle eût été *plus* souvent présente à son esprit, au lieu de *peser les mondes*, il se seroit *pesé lui-même;* mais ce mortel sublime n'ayant pas eu assez de *bon sens* pour inventer des choses (immédiatement) *utiles*, il a eu du moins assez de *génie* pour en inventer de grandes.

(p) *Cet attribut qui fait que chaque particule de la matière occupe nécessairement une place quelconque dans l'univers.* Si le lecteur veut avoir une juste idée de ce style excessivement *figuré* et quelquefois *emphatique*, que j'ai si souvent reproché à notre auteur, qu'il daigne fixer un instant son attention sur la phrase suivante que je transcris exactement : *Cette vertu, par laquelle la quantité totale de la matière de l'univers demeure toujours la même, est maximè principalis, corpus suum vibrans, aliud submovens, solida et adamantina in seipso (seipsâ), atque undè decreta et possibilis et impossibilis emanant auctoritate inviolabili.* C'est de *l'impénétrabilité de la matière* qu'il parle ainsi. Il est difficile d'extravaguer d'une manière plus sublime, et d'employer des expressions plus magnifiques, pour ne rien dire. Quand on manque *d'idées* en physique, on y substitue des *hyperboles*. Si *Bacon* eût tiré de cette considération quelque vérité utile, il auroit pris la peine de nous la communiquer et d'en faire voir l'utilité; mais, n'ayant pu en déduire de vraies connoissances, il n'en déduit que des mots. Au reste, j'ai été obligé, pour donner quelque sens à ce pompeux *amphigouris*, d'appliquer tantôt à *l'impénétrabilité de la matière*, tantôt à la *matière même*, ce qu'il affirme de la *vertu* par laquelle la quantité totale de la matière de l'univers est toujours la même. Le vice dominant du style de notre auteur est le trop fréquent usage des *translations*; et, comme il oublie quelquefois, chemin faisant, le *sujet* dont il parle, et le *but* auquel il tend, il attribue à un sujet ce qui convient à un autre; il *personifie* et la *matière* et les *mouvemens*, et les *tendances* ou les simples *efforts*, et même les *privations de modes*, ainsi que les *modes positifs*: en sorte que, selon lui, l'impénétrabilité de la matière et l'éternelle égalité de sa quantité totale, égalité qu'il appelle une *vertu*, se fortifie dans la place qu'elle occupe, pousse violemment tout ce qui veut l'en débusquer, s'irrite contre tout ce qui lui résiste, et demeure enfin victorieuse. Cependant, sous ce fatras même, se cachent toujours quelques *vues* utiles, ou du moins des *analyses*, des *distinctions* et des *divi-*

sions, dont on peut tirer parti. Un philosophe d'un esprit *très étendu* et *très pénétrant*, qui, après avoir envisagé un sujet par trente de ses faces, se seroit toujours trompé, pourroit encore être très utile à un homme dont l'esprit, quoique *borné*, auroit plus de *justesse* et de *netteté*; mais qui, n'ayant considéré ce même sujet que par dix de ses faces, auroit toujours saisi la vérité ; car ces vingt faces qu'il auroit dû considérer aussi, et qu'il n'auroit pas même apperçues, le premier pourroit les lui montrer, et sinon les lui faire voir telles qu'elles seroient, du moins l'avertir de les regarder. L'esprit *net* et *borné* triomphe ordinairement en pareil cas, et relève les méprises de l'esprit *étendu* et *inexact*, en lui reprochant de s'être trompé sur tous les points; mais l'autre pourroit lui répondre : *je me suis trompé, pour avoir mal vu, et tu t'es trompé, pour n'avoir pas vu assez : je me suis trompé sur tout, et tu t'es trompé sur le tout.* C'est principalement dans cet art d'*analyser* un sujet, de l'envisager par toutes ses faces, et d'en *faire*, pour ainsi dire, *le tour entier*, qu'excelle le philosophe que j'interprète. C'est le *grand maître* d'analyse. Or, l'*analyse,* comme on sait, est au moins *le tiers* d'une recherche philosophique ; car la *science réelle* et *active* porte sur ces trois bases, *l'expérience, l'analyse* et *l'analogie :* encore la troisième rentre-t-elle un peu dans la seconde ; car *mieux* on *analyse* un sujet, *mieux* ensuite on *voit* les *différences* et les *analogies* du *tout* et de ses *parties*. Il est une infinité de sujets dont la connoissance peut nous être plus utile que celle des sujets que nous connoissons le mieux, mais auxquels personne ne pense ; et alors celui qui en acquiert la connoissance complète, a beaucoup moins de mérite en cela, que celui qui s'est avisé le premier de les regarder et de les analyser. Par la lecture, attentive et soutenue, des ouvrages du chancelier *Bacon*, on acquiert au moins huit facultés ou dispositions principales ; l'habitude de penser par soi-même et de se défier des opinions reçues ; celle de se défier de ses propres opinions et de dégager son esprit des entraves de ses propres habitudes ; celle de partir toujours de l'expérience, et de marcher sans cesse vers la pratique ; celle de décomposer tous les sujets, et de les envisager par toutes leurs faces ; la pénétration ; l'étendue d'esprit ; la fécondité ; enfin la méthode dans l'invention et l'exposition ; sans compter les vues utiles, les vérités positives qu'il montre nettement, fait entrevoir, ou aide à voir, même lorsqu'il ne les apperçoit pas ; car souvent, en s'égarant lui-même, il met les autres sur la voie, par cela seul qu'en commençant une recherche dont il montre l'utilité, mais qu'il abandonne trop tôt, il pousse, en quelque manière, son disciple dans la route qu'il vient de lui frayer, et l'excite à devancer le maître. On contracte aussi, dans un long commerce avec le grand homme que nous interprétons, cette modeste et judicieuse audace qui semble être l'appanage du vrai génie, et qui étend la sphère des sentimens, en élevant les pensées : en un mot, il élève l'ame ; et n'est-ce pas, sinon tout, du moins la plus noble partie du tout, ô analystes minucieux et puériles ! qui, en vous perdant éternellement dans l'infiniment petit, semblez avoir oublié que l'homme, pour exercer toutes ses facultés, en les balançant l'une par l'autre, et se compléter lui-même, doit aussi permettre quelquefois à son imagination de prendre un noble essor vers l'infiniment grand; mais en commandant à sa raison de se maintenir dans ce milieu où la nature semble l'avoir posté lui-même. Trop souvent l'homme est esclave, dans le monde intellectuel, parce qu'il a peur de son sujet, comme il est esclave, dans le monde réel, parce qu'il a peur de sa liberté. On se sent guérir peu à peu de cette double et vile terreur, en lisant et plus encore en méditant cet exposé des plus fameuses hypothèses des anciens philosophes, ouvrage d'ailleurs précieux pour tout lecteur curieux de savoir ce qu'ils ont pensé sur ce vaste sujet, et jaloux de s'assurer par lui-même si les physiciens de ces derniers temps ont été fondés, ou non, à rejeter entièrement l'ancienne physique. Quelque haute idée que ces physiciens puissent avoir d'eux-mêmes, sans Bacon, qui respecta toujours l'antiquité, il n'y auroit point eu de Descartes; et sans Descartes, point de Newton.

F I N.

www.ingramcontent.com/pod-product-compliance
Lightning Source LLC
Chambersburg PA
CBHW071857230426
43671CB00010B/1377